1213
H

HISTOIRE

NATURELLE ET CIVILE

DE LA

CALIFORNIE.

TOME PREMIER.

HISTOIRE
NATURELLE ET CIVILE
DE LA
CALIFORNIE,

CONTENANT

Une description exacte de ce Pays, de son Sol, de ses Montagnes, Lacs, Rivières & Mers, de ses Animaux, Végétaux, Minéraux, & de sa fameuse Pêcherie des Perles ; les Mœurs de ses Habitans, leur Religion, leur Gouvernement, & leur façon de vivre avant leur conversion au Christianisme ; un détail des différens Voyages, & Tentatives qu'on a faites pour s'y établir, & reconnoître son Golfe & la Côte de la Mer du Sud.

Enrichie de la Carte du Pays & des Mers adjacentes.

Traduite de l'Anglois, par M. E.**.

TOME PREMIER.

A PARIS,

Chez DURAND, Libraire, rue Saint-Jacques à la Sagesse.

─────────

M. DCC. LXVII.

Avec Approbation & Privilége du Roi.

PRÉFACE.

Q UOIQUE la Californie, à prendre ce nom dans sa signification la plus étendue, ait été découverte il y a longtems, on n'en a cependant eu jusqu'ici qu'une connoissance très-imparfaite. Les Espagnols ne sont pas les seuls qui ayent visité ses côtes, d'autres Nations ont fait la même chose qu'eux; mais comme elles n'ont fait qu'y toucher, il n'y a que les Espagnols seuls dont on puisse attendre une description exacte de cette vaste Région. Ils nous l'ont d'abord représentée comme une péninsule, & elle est effectivement telle; mais les Hollandois ayant trouvé par hazard une carte Espagnole, dont on n'a jamais pu découvrir l'auteur, ils se sont imaginé que la Californie étoit une île, & cette opinion a si fort prévalu, que les plus habiles Géographes ont traité de visionnaires ceux qui ont osé soutenir le contraire. Le fameux Delisle a judicieusement combattu cette opinion, & prouvé avec autant d'esprit que de savoir, qu'on n'avoit point encore des lumières suffisantes pour décider cette question, & la chose est demeurée dans cet état indécis jusqu'au commencement de ce siècle, que le père Kino publia sa découverte, laquelle est fondée sur son passage par terre du Nouveau-Mexique dans la Californie, par où l'on s'est convaincu que la mer Vermeille n'est autre chose qu'un golfe ou une baie fort étendue, & la Califor-

PRÉFACE.

nie une vraie péninsule, telle que les premiers historiens Espagnols nous l'ont dépeinte. Cela prouve qu'on ne doit point rejetter trop précipitamment les anciennes opinions, lors surtout qu'elles sont fondées sur des matières de fait; que les personnes les plus judicieuses peuvent se tromper comme les autres, & que dans ces sortes de questions on doit toujours déférer à l'autorité de ceux qui ont fait les premières découvertes.

Faute d'avoir suffisamment connu la Californie, on a avancé sur son sujet plusieurs autres contradictions, du moins apparentes. Certains voyageurs nous représentent ses côtes comme inhabitables à cause du froid excessif qui y règne. D'autres nous disent que la chaleur y est insupportable. Les uns nous la représentent comme un pays stérile, dénué d'eau, & non seulement inculte, mais incapable de culture à cause de son extrême sécheresse ; les autres nous la dépeignent comme un pays gras & fertile, arrosé de plusieurs belles rivières : les uns disent que ses côtes sont dangereuses & de difficile accès, à cause de la quantité de rochers & de basses dont elles sont entourées, & d'ailleurs qu'on n'y trouve aucun port ; d'autres, au contraire, nous dépeignent la Californie comme un pays délicieux le long de la mer, arrosé par plusieurs grandes rivières, dans l'embouchure desquelles se trouvent quantité d'îles fertiles, lesquelles de même que le continent, fournissent aux vaisseaux plusieurs ports très-commodes. On n'est pas plus d'accord sur la nature que sur l'étendue de cette vaste péninfule. A en croire quelques Auteurs, elle n'eſt qu'un pays ingrat & ſtérile, qui ne vaut pas la peine d'en faire la conquête; cependant des gens auſſi capables qu'eux d'en juger, & qui ont eu la même occaſion de le connoître, prétendent qu'il eſt ſuſceptible de culture, qu'il abonde en mines, & qu'on pêche ſur ſes côtes des perles dont on tire un profit conſidérable; les portraits qu'on nous fait de ſes habitans ne ſe reſſemblent pas d'avantage. Les uns les repréſentent comme des hommes ignorans, groſſiers & indiſciplinables; & les autres comme extrêmement affables, civils & hoſpitaliers. Je ſuis perſuadé, qu'eu égard à la différence des lieux & des circonſtances, il peut y avoir autant de fauſſeté que de vérité dans ces différens récits.

Mais le principal point qu'on a

Préface

toujours eu en vue par rapport à ce pays, sont ses bornes du côté du nord, qu'on n'a pu encore fixer jusqu'ici. On parle d'un pays & d'un d'étroit d'Anian, qu'on prétend le séparer de l'Asie; d'autres assurent que la Californie se rapproche en tirant vers le nord-ouest du nord-est de la Tartarie, & que c'est-là qu'on doit chercher le détroit d'Anian; d'autres assurent que ces détroits sont imaginaires, & alléguent pour prouver leur sentiment, que les Indiens que les Espagnols ont convertis à la foi, se sont rendus par terre à la Chine, ce qui mérite une plus ample confirmation. Plusieurs croyent qu'il y a un passage entre le nord-est de l'Asie, & le nord-ouest de l'Amérique; d'autres disent que cela n'est vrai qu'en partie, & qu'encore qu'il puisse y avoir une mer, elle est parsemée d'une multitude d'îles de différente grandeur. Ce ne font là que de simples conjectures fur lefquelles on ne peut faire fond, & parconféquent, pour décider cette queftion, il faut attendre que le même efprit de découverte qui nous a procuré la connoiffance des Indes & de l'Amérique, nous apprenne avec une égale certitude, fi ces deux vaftes continens font féparés par un bras de mer, ou unis par une terre, ou par un mêlange de l'un & de l'autre.

Il eft bon d'obferver que loin que ce foit ici une matière de fimple fpéculation, il y a peu de recherches qui foient d'une plus vafte conféquence. En tant qu'êtres raifonnables, il nous importe de connoître à fond le globe que nous habitons; & la curiofité que tous les hommes éprouvent à cet égard, n'eft qu'un aiguillon dont

x PRÉFACE.
la Providence se sert pour les porter à la recherche de ce qui peut leur être utile. Comme sujets d'une Puissance maritime, nous y sommes plus intéressés que les autres, vu que chaque nouvelle découverte de cette espèce, influe d'une manière directe ou indirecte sur notre Commerce. La découverte en question est d'autant plus importante pour nous, que toutes les tentatives que nous avons faites pour trouver un passage au nord-ouest, n'ont pour but que de découvrir une route vers les côtes de la Californie, qui, si nous avions le bonheur de la trouver, abrégeroit considérablement nos voyages aux deux Indes. Or le plus sûr moyen pour réussir dans cette entreprise, est de faire usage de ce que l'on connoît pour découvrir ce qu'on ignore, à quoi rien n'est plus propre qu'une con-

PRÉFACE

noissance exacte de la Californie, connoissance que les Espagnols seuls peuvent nous procurer, & que l'on peut acquérir par la lecture de l'ouvrage dont je donne la traduction, vu que tout y est détaillé de la manière la plus claire, la plus ample & la plus circonstanciée. C'est-là le seul objet de ce livre, c'est en quoi consiste son principal mérite; le but de l'Auteur étant bien moins d'amuser le lecteur, que de l'éclairer & de l'instruire. Considéré dans cette vue, je ne doute point que le public ne le reçoive avec empressement, lors surtout qu'il sçaura le plan qu'il a suivi.

Il a divisé son ouvrage en quatre Parties, dans la première, il traite du nom, de la situation de la Californie, je veux dire de cette péninsule que les Espagnols ont soumise à leur domination. Il nous décrit son golfe, ses côtes & ses îles, son sol, son climat. Il nous en donne l'histoire naturelle, sans oublier la pêcherie des perles, & la manne qu'on n'auroit jamais cru que ce pays pût produire. Il entre ensuite dans un détail exact & curieux des Nations, du langage, des mœurs, du caractère des Californiens, dont il décrit le gouvernement civil & militaire. Il traite enfin de leur Religion, sur quoi il observe que ceux qui habitoient le Continent, lorsque les Espagnols en firent la découverte, étoient entièrement exempts d'idolâtrie, n'avoient que peu ou point de cérémonies, mais quelques opinions spéculatives assez singulières; mais qu'il n'en étoit pas de même dans les îles, où les peuples, par les fraudes & les artifices de certaines gens qui les dirigeoient, étoient plongés dans

PRÉFACE. xiij
la superstition, & gémissoient sous le plus dur esclavage.

La seconde Partie contient l'histoire de la Californie, depuis sa première découverte, jusqu'à l'arrivée des Jésuites. Cette découverte fut faite par l'ordre du fameux Ferdinand Cortez, qui y vint en personne en 1536, & qui ayant débarqué dans son golfe, lui donna son nom; les Espagnols pour faire honneur à ce grand Capitaine, l'ayant appellé depuis mer de Cortez, mer Vermeille, ou golfe de Californie. Notre Auteur décrit fort au long les diverses tentatives qu'on a faites en différens tems pour acquérir une connoissance parfaite de l'étendue & des productions de cette peninsule; les divers projets qu'on a formés pour cet effet, tant dans la Vieille-Espagne que dans la Nouvelle, les contretems qu'on a essuié, de même que les causes qui les ont occasionnés. Il y joint quantité de remarques judicieuses qui montrent l'extrême difficulté dont il est d'exécuter un grand dessein, lorsque sa conduite dépend de l'approbation, des ordres, & des instructions qu'on doit recevoir d'un pays extrêmement éloigné.

La troisième partie traite de la réduction de la Californie par les Jésuites, & de la conduite qu'ils y ont tenue jusqu'à notre siècle. Il nous apprend que la Cour d'Espagne & ses Vicerois dans les Indes, lassés de quantité d'expéditions inutiles & coûteuses, ayant renoncé à cette affaire, elle fut reprise par le père Eusèbe François Kino, lequel ayant été envoyé en qualité de Missionnaire dans la province limitrophe de Sonora, forma la résolution de passer dans ce pays inconnu. Le premier Missionnaire qui se transporta dans cette Région en 1697, fut le père Salva-Tierra. Le père Kino le suivit peu d'années après, se rendit par terre dans la Californie, & s'assura par-là, comme je l'ai déja observé, que ce n'étoit point une île, mais une péninsule. Depuis lors, les Jésuites ont eu seuls la direction des affaires, tant Civiles qu'Ecclésiastiques dans la Californie. Ils ont poussé leurs découvertes, converti les Indiens, formé des petits établissemens, cultivé le terrein qui est autour, au point d'y planter des vignobles, dont le vin égale en bonté celui d'Europe. Notre Auteur rapporte ces faits d'une manière qui ne laisse rien à desirer, de sorte qu'on peut dire, sans blesser la vérité, que quoique l'histoire de cette partie du monde ne renferme pas des évènemens fort remarquables, ceux dont elle traite y sont rapportés avec autant de clarté que d'exactitude. Elle est originale dans son espèce, & nous fournit un tableau parfait de la politique, de l'ordre & de la méthode dont les Jésuites se sont servis pour rendre ces peuples sujets titulaires de la Couronne d'Espagne, & pour s'arroger sur eux une autorité absolue. On y voit les vrais motifs qui obligent le gouvernement d'Espagne à employer ces Religieux dans ces sortes d'entreprises, & à leur permettre d'acquérir par l'artifice, ce qu'ils sont hors d'état d'usurper à force ouverte. L'Auteur a inséré dans son ouvrage plusieurs reflexions hardies, non seulement sur les erreurs qui se commettent dans les administrations particulières, mais encore

encore sur les fautes capitales & constitutionnelles du gouvernement Espagnol, qui font que quelques-uns de leurs plus riches établissemens leur sont à charge, & que les trésors qu'ils renferment contribuent à la misère & à la pauvreté de leurs habitans; reflexions que le Lecteur judicieux lira avec autant de plaisir que d'utilité.

La quatrième & la dernière partie, contient quelques pièces auxquelles on renvoye dans le corps de l'ouvrage. De ce nombre est le fameux voyage du Capitaine Sébastien Viscaino en 1602, dans lequel on trouve un détail curieux & circonstancié de la côte occidentale de la Californie. Il est suivi de la description de la côte orientale, tirée d'un voyage fait en 1746. On y a joint les extraits des voyages du Capitaine Woods Rogers, & du Lord Anson, avec les remarques de l'Auteur, surtout sur le dernier, dans lesquelles il réfute plusieurs faits, dont il prétend que l'Auteur étoit mal instruit. Ici, comme dans tout le reste de l'ouvrage, il se montre extrêmement zélé pour la Couronne d'Espagne, & ne perd aucune occasion de faire l'apologie des Religieux de son Ordre. Il faut cependant avouer que son style ne ressemble en rien à celui de leurs autres panégyristes. Il ne prend point comme eux un vol ni si rapide ni si élevé, mais il s'énonce dans un style grave & uniforme, tel qu'il convient à une histoire de cette espèce. Il est fort exact à citer ses autorités, il ne laisse échapper aucun fait intéressant, & la Religion à part, il se montre partout également judicieux & circonspect, & aussi exempt de préjugé que de crédulité. Ayant compris

PREFACE. xix

que son sujet n'est point susceptible des ornemens de l'éloquence; il leur a substitué des réflexions politiques, dont l'exactitude & la vérité font la base.

On ne laisse pas que de trouver dans cet ouvrage quantité de faits frappans, capables de réveiller l'attention du lecteur par leur nouveauté, & par la manière intéressante dont ils sont rapportés. Il verra en les lisant que les Espagnols, semblables à quelques autres Nations, connoissant la nature des maladies politiques qui les minent, & les remèdes qu'elles exigent, n'ont pas le courage de les appliquer. Il y verra que le système du Cardinal Alberoni s'étendoit jusqu'à la Californie, & qu'en embrassant le commerce des deux Indes, il se proposoit de rendre à la Monarchie Espagnole la vigueur qu'elle a perdue,

b ij

en rétablissant une circulation uniforme dans tous ses membres. Il apprendra que ce n'est point sans fondement que les Espagnols craignent d'être envahis, même dans ces régions reculées par une nation, de laquelle, au jugement d'un très-habile politique, ils n'avoient pas plus à craindre il y 50 ans, que des habitans qui sont dans la Lune; que la découverte d'un passage au nord-ouest, n'est rien moins que problématique, dans l'opinion de ceux que leur situation met en état d'en juger, & que la crainte où ils sont que les Anglois ne forment des établissemens dans cette contrée, & ne la joignent à leurs autres Colonies, est plus fondée qu'on ne pense, la chose passant pour très-probable dans l'esprit de ceux qui entendent les affaires. Il verra enfin à n'en pouvoir douter, que tandis que les Espagnols ont soin de peupler, de cultiver & de fortifier les cantons les plus sauvages & les plus stériles de ce pays, il est au pouvoir des Anglois de s'établir, lorsqu'ils le jugeront à propos, dans un climat agréable, dans un terrein fertile, & dans des régions parfaitement bien peuplées, d'où ils pourront faire fleurir les branches les plus estimables du commerce qu'on ait découvertes jusqu'ici, & y en joindre peut-être d'autres plus utiles que l'on ne connoît pas encore.

TABLE
DES MATIERES
Contenues dans le premier Volume.

PARTIE I.
Section I.
Du nom, de la situation, & de l'étendue de la Californie. page 1.

Section II.
Description du golfe de Californie, de ses côtes & de ses îles. 17

Section III.
Description de la Californie, dans laquelle il est parlé de la nature de son terrein. 33.

Section IV.
Des bêtes, oiseaux, insectes, poissons, coquillages, arbres, fruits, plantes, minéraux & perles, que l'on trouve dans la Californie & dans ses mers. 42.

SECTION V.

Des différentes Nations de la Californie, & des langues qui y sont en usage. 70.

SECTION VI.

Du caractere & des mœurs des Californiens, & de leur gouvernement civil & militaire. 85.

SECTION VII.

De la Religion des anciens Californiens. 113.

PARTIE II.

SECTION I.

Premières relations de l'Océan Pacifique, ou de la mer du Sud. 143.

SECTION II.

Première découverte de la Californie, & voyages qu'on y fit du tems de Ferdinand Cortez. 160.

SECTION III.

Expéditions faites dans la Californie jusqu'à l'année 1600. 182.

SECTION IV.

Ordre remarquable de Philippe III. Autres expéditions dans la Californie jusqu'au règne de Philippe IV. 215.

TABLE

SECTION V.

Dernières Expéditions dans la Californie, jusqu'à la fin du règne de Charles II. 249.

PARTIE III.

SECTION I.

Réduction de la Californie par les Jésuites, & la conduite qu'ils y ont tenue jusqu'au jourd'hui. Arrivée du père Jean-Marie de Salva-Tierra dans la Californie, l'an 1697. 273.

SECTION II.

Différens incidens arrivés jusqu'à l'entrée du père François-Marie Piccolo dans la Californie. 294.

SECTION III.

Evènemens des deux premières années. Tentatives pour pénétrer dans l'intérieur de la Californie, jusqu'à l'étabissement de la seconde Mission de Saint-Xaxier. 315.

SECTION IV.

Difficultés qu'on eut à essuier au commencement de ce siècle. Mauvaise administration des affaires de la Mission à Mexico. 339.

HISTOIRE

CARTE DE LA CALIFORNIE, Levée par la Société des Jesuites. DÉDIÉE au ROY D'ESPAGNE en 1757.

HISTOIRE
NATURELLE ET CIVILE
DE LA
CALIFORNIE.

PREMIERE PARTIE.

Description de la Californie, & Histoire des Peuples qui l'habitent.

SECTION I.

Du Nom, de la Situation, & de l'Etendue de la Californie.

LE Pays dont je vais donner la description est distingué dans les Cartes par trois différens noms, de *Californie*, de *Nouvelle-Albion*, & d'*Iles Ca-*

Tome I. A

rolines : mais le plus ancien est celui de Californie, que l'on trouve dans Bernard Diaz del Castillo, Officier, qui avoit servi sous le fameux Cortez dans la conquête du Mexique, & qui a donné l'histoire de cette célèbre expédition. Il est cependant bon d'observer que cet Officier restraint le nom de Californie à une seule baie. Celui de Nouvelle-Albion lui a été donné en mémoire du fameux Amiral Anglois, François Drake, lequel, dans le second voyage qu'il fit autour du monde en 1577, aborda dans ce pays. Ce nom de Nouvelle-Albion signifie la même chose que Nouvelle-Angleterre, & c'est celui que les Anciens donnoient à cette Isle que nous appellons aujourd'hui Angleterre. Le nom d'*Isles Carolines* ne lui a été donné qu'environ un siècle après, en l'honneur de Charles II Roi d'Espagne, par l'ordre duquel on tenta la conquête de la Californie, que l'on croyoit être une île, & des pays adjacents, avec des forces proportionnées à la grandeur de cette entreprise. C'est celui que lui donnent le Pere *Henri Scherera*, Jésuite Allemand, dans son nouvel Atlas, M. de Fer, dans un petit Atlas des Domaines d'Espagne, qu'il présenta à Philippe V à son avénement au trône, & d'autres Géographes dans leurs Atlas & dans leurs Cartes particulières: mais cette fameuse expédition ayant échoué, ce nom n'a point prévalu dans le public.

Ce Pays est aujourd'hui connu sous le nom de Californie, qu'on lui donna la première fois qu'on le découvrit. Quelques uns l'emploient au pluriel, & l'appellent les Californies, dans le dessein vraisemblablement d'y comprendre cette partie, qu'ils regardent comme la plus grande île du monde, de même qu'une multitude de petites îles qui l'environnent: mais aujourd'hui que l'on sçait que ce pays n'est point isolé, mais contigu au continent de l'Amérique, comme je le prouverai tantôt, la propriété exige qu'on emploie ce nom au singulier, à l'exemple de l'Historien militaire dont j'ai parlé ci-dessus.

Je voudrois, pour satisfaire le Lecteur, pouvoir lui donner l'étymologie & la vraie origine d'un nom, dont la singularité du son, jointe aux malheurs qu'éprouvèrent les premiers qui firent la découverte de ce Pays, & à l'idée des richesses immenses que l'on croit qu'il renferme dans son sein, a excité la curiosité des Européens & des habitans de la Nouvelle-Espagne. Mais les Missionnaires n'ont pu trouver dans les différens Dialectes des nationnaux la moindre trace qui prouve qu'on ait donné ce nom au pays, non plus qu'à aucun des havres, baies qui s'y trouvent, pas même à la moindre des contrées qui le composent. Je ne saurois non plus souscrire à l'étymologie de quelques Ecrivains, lesquels supposent que ce nom lui fut donné par les Espagnols, à cause des chaleurs excessives qu'ils ressentirent la première fois qu'ils y débarquèrent, & qui l'appellèrent Californie, d'un nom composé de deux mots latins, *Calida Fornax*, fournaise ardente. Je ne crois pas que nos Avanturiers se piquassent de Littérature ; & quoique Del Castillo nous représente Cortez comme un très-bon Humaniste & un excellent Poète, qui avoit pris ses degrés de Bachelier en Droit, on ne voit nulle part que ni lui ni ses Capitaines aient suivi cette méthode dans les noms qu'ils donnèrent aux pays dont ils avoient fait la conquête. Je croirois plutôt que ce nom a dû son origine à quelque accident, & peut-être à quelques mots Indiens dont les Espagnols ne comprenoient point le sens, comme cela est arrivé, suivant un sçavant Américain, au nom du Pérou, &, comme je le montrerai tantôt, à celui qu'on a donné à la nation de *Gaycura*.

Passons maintenant du nom à la situation. Pour la mieux connoître, je suppose l'Amérique divisée en deux parties, dont l'une est méridionale, & l'autre septentrionale. La première s'étend depuis l'Isthme de Panama, jusqu'au Cap Horn; elle est possédée par Sa Majesté Catholique, & divisée en deux Vices-Royautés, qui sont le Pérou & Santa-Fé; l'autre commence au même Isthme, & s'étend jusqu'au pôle arctique. Dans celle-ci, toutes les possessions Espagnoles sont comprises dans la seule Vice-Royauté du Mexique, laquelle est divisée dans les quatre Audiences suivantes : sçavoir, Saint-Domingue, le Mexique, Guadalaxara & Guatimala. On peut joindre à ces Audiences celle des Isles Philippines, dont le Gouvernement dépend de la Vice-Royauté de la Nouvelle-Espagne, quoiqu'elles soient situées dans l'Asie, près des côtes de la Chine.

Je ne parlerai que de la seule Audience de Guadalaxara, dont dépendent tous les pays situés au nord de la province de ce nom, comme aussi quelques contrées occidentales du Mexique, c'est-à-dire, toutes les provinces septentrionales de cette partie de l'Amérique, dont l'une est la Californie, qui fait le sujet de ce Traité.

Le fameux Géographe Jean Blaeu *

---

* *Joannes Blaeu America, quæ est Geographiæ Blavianæ pars quinta, liber unus, volumen undecimum.* (Amstelodami. 1662) pag. 70.

" *California communiter dicitur, quidquid terrarum*
" *Nova-Hispaniæ, atque Nova-Galleciæ ad occidentem*

& plusieurs autres avec lui, comprennent sous le nom de Californie, ces pays immenses qui sont à l'Occident de la Nouvelle Espagne & de la Nouvelle Galice, lesquels sont situés entre les parties septentrionales de l'Amérique méridionale, & le Détroit d'Anian; de manière que sous le nom de Californie, ils comprennent le Nouveau-Mexique, les Apaches, &c. mais il s'en faut de beaucoup que la Californie soit aussi étendue. Cette Province, à proprement parler, est une péninsule dans la partie la plus septentrionale de l'Amérique, découverte par les Espagnols dans l'océan Pacifique ou la mer du Sud, ou une longue pointe de terre qui sort des côtes septentrionales de l'Amérique & s'avance vers le sud-est jusqu'au delà du Tropique, étant arrosée des deux côtés par la mer Pacifique; de sorte que sa pointe méridionale est dans la Zône-torride, & à peu-près à l'opposite de

---

„ *objicitur, quæ sanè latissimè patent, & ad extremos*
„ *Americæ meridionalis terminos & fretum, quod vul-*
„ *gò Anian vocant, pertinent.*

la Province de Guadalaxara, dont elle dépend. Dans cette pointe, se trouvent le fameux Cap de Saint-Lucas, & celui de la Porfia, lesquels forment la baie de Saint-Barnabé. La côte occidentale de la Californie s'étend vers le nord, & est arrosée par l'océan Pacifique, dont j'ai parlé ci-dessus, jusqu'au vingt-deuxiéme dégré où se trouve le Cap-blanc de Saint-Sébastien : la côte orientale ou intérieure de la Californie, selon l'examen qu'on en a fait, s'étend l'espace de dix degrés jusqu'au Rio Colorado. Entre ces deux côtes, est la péninsule à laquelle on donne le nom de Californie ; & le bras de mer compris entre la côte orientale de la péninsule & le continent, est appellé le Golfe ou la Baie de Californie, lequel, dans quelques endroits, a soixante, dans d'autres cinquante, & dans d'autres quarante lieues de large, comme entre le Cap Saint-Lucas A l'égard du Rio Colorado, il se jette dans ce Golfe dans l'endroit où les deux côtes se joignent, comme nous l'observerons plus particulièrement ci-après.

On voit donc que la Californie est une partie de l'Amérique Septentrionale, laquelle est baignée à l'orient par le Golfe de même nom, & à l'occident par la mer du Sud, & comprise entre les trois limites dont on a parlé, sçavoir le Cap de Saint-Lucas, le Rio Colorado, & le Cap-Blanc de Saint-Sébastien.

Lorsque je dis que le Cap de Saint-Sébastien sert de limite à la côte occidentale de la Californie, on ne doit pas croire qu'elle finisse là ; elle s'étend plus avant vers le nord : mais comme on ne connoît que peu ou point la côte au-delà de ce Cap, ni la mer qui est à l'occident, ni les pays immenses qui sont à l'orient, plutôt que de donner au Lecteur des connoissances incertaines & de l'amuser inutilement, j'ai jugé à propos d'assigner une limite fixe, laquelle n'est autre que le Cap dont je viens de parler.

On n'auroit plus rien à desirer sur sa situation géographique, si l'on sçavoit au juste les latitudes & les longitudes des trois limites susdites. Mais peu de gens, à l'exception des Jésuites, ont demeuré assez de tems dans la Californie pour faire ces sortes d'observations, lesquelles, pour être exactes, surtout par rapport aux longitudes, demandent du tems, des instrumens & du loisir. Il y a eu, & il y a encore quantité de Missionnaires en état de les faire avec une précision capable de contenter la curiosité de notre siècle; mais ceux-ci, indépendamment de leurs occupations, sont dépourvus d'instrumens de Mathématiques, ce qui leur est commun avec bien d'autres qui habitent des pays moins isolés du commerce des hommes. C'est-là une circonstance que plusieurs Missionnaires élevés dans le sein des Arts & des Sciences, ont offerte en sacrifice à Dieu dans cette solitude; & c'est injustement qu'on leur reproche une chose qui sert à relever leur mérite, d'autant plus qu'ils sont en droit de se plaindre de notre ignorance, vu que ce sont les Européens eux-mêmes qui crient le plus, qui sont cause qu'ils n'ont pas fait ce qu'ils étoient en état de faire. Peut-être viendra-t-il un tems plus heureux, où nous n'aurons plus lieu de faire de pareilles plaintes ; il faut remettre jusqu'alors à fixer ces limites, car j'avouerai que je ne puis rien avancer de certain là-dessus. Cependant, la crainte de quelque erreur légère ne m'empêchera pas de dire ici ce qui me paroît propre à rectifier celles dans lesquelles on est tombé. Pour cet effet, je vais rapporter les découvertes les plus modernes qui sont parvenues à ma connoissance ; je ne dirai rien des anciennes, leur autorité ayant été invalidée par les dernières observations.

Les latitudes étant plus aisées à déterminer, la plupart des Géographes & des Navigateurs, en cela d'accord avec les relations particulières, conviennent que le Cap de Saint-Lucas, est situé au 22e degré 32 minutes de latitude septentrionale, le Rio Colorado au 32e degré 30 minutes, & le Cap-blanc de Saint-Sébastien au 43e deg. 30 minutes de la même latitude. Quelques-uns, à la vérité, diffèrent entre eux au sujet des latitudes de ces trois endroits, & il seroit à souhaiter que l'on fit là-dessus des observations avec cette exactitude que le sujet mérite; car il y a une différence étonnante dans les longitudes qu'on assigne à ces trois points. Un savant Missionnaire de la Californie dit dans sa relation, que le Cap de Saint-Lucas est au 145ᵉ degré de longitude occidentale du méridien de l'île de Fer, ce qui revient au 215ᵉ degré de longitude orientale, en comptant selon la manière ordinaire. On ne doit pas douter que ce ne soit une erreur du Copiste; car la pointe la plus orientale de la Sibérie étant au 205ᵉ degré de longitude orientale, à compter du même Méridien *, il s'ensuivroit que la différence entre le Méridien de ladite pointe de la Sibérie, & celui du Cap de Saint-Lucas, est de 10 degrés, ce qui est entiérement incroyable, ou, pour mieux dire, impossible. D'un autre côté, on place Mexico & Acapulco, qui sont à peu-près sous le même Méridien, au 274ᵉ degré, à compter du Méridien ordinai-

---

* C'est la longitude assignée audit Cap par le Capitaine Beerings, que Pierre le Grand envoya pour découvrir un passage d'Asie en Amérique.

re, comme on peut le voir dans la Carte de Dom George Juan, fameux Officier de Marine, qui place *Acapulco* au 105e degré de longitude occidentale, à compter du Méridien de l'Obfervatoire de Paris, ce qui revient au 275e degré de longitude, à compter du premier Méridien. Selon lui, Mexico & Acapulco ne font tout au plus qu'à 60 degrés de longitude du Cap de Saint-Lucas, ce qui eft une erreur vifible. Le Pere Eufebe-François Kino, qui joignoit à un féjour de trente ans dans ces contrées, une profonde connoiffance des Mathématiques, place l'embouchure du Rio Colorado au 250e degré de longitude. C'eft celle que Dom Jofeph-Antonio de Villa Senor y Sanchez affigne en général à la Californie; mais il paroît, en la comparant avec la latitude qu'il marque, qu'il veut parler du voifinage du Cap de Saint-Lucas. M. de Fer place la riviere, qu'il appelle la grande riviere de Corail, au 250e degré. Je crois qu'il veut parler du Rio Colorado. Le même Géographe place le Cap de Saint-Lucas au 254e degré de longitude, & le Cap Mendocino au 233ᵉ.

Le Capitaine Woods Rogers place le Cap de Saint-Lucas au 114ᵉ degré de longitude occidentale du Méridien de Londres, ce qui revient au 134ᵉ degré pris du Méridien ordinaire. L'Amiral Anson trouva sur un vaisseau, nommé l'Acapulco, qu'il prit aux Espagnols, une Carte de la Mer du Sud, dans laquelle le Cap de Saint-Lucas étoit placé au 23ᵉ degré de longitude Orientale, en prenant pour premier Méridien celui qui passe par l'embouchure de la riviere de Saint-Bernardin, dans les Isles Philippines ; le port d'Acapulco au 134ᵉ degré du même Méridien, d'où il s'ensuivroit qu'il n'y a que 12 degré de différence entre Acapulco & Saint-Lucas, & que le Cap qui porte ce dernier nom, est au 263 degré de longitude. M. d'Anville differe de 10 degrés dans la longitude du Rio Colorado, qu'il place, d'après le P. Kino, au 100ᵉ degré de longitude occidentale du Méridien de l'île de Fer, c'est-à-dire, au 260ᵉ degré de longitude, suivant la méthode ordinaire de compter. Le même Géographe place le Cap

DE LA CALIFORNIE. 15

de Saint-Lucas entre le 94e & le 95e degré de la même longitude occidentale, ce qui revient à-peu-près à 265 & 266 degrés de longitude, à compter du même Méridien. M. Henri Ellis, Gentilhomme Anglois, un des Avanturiers qui partirent dernièrement de Londres, pour aller chercher un passage au nord dans la mer du Sud, par la baie d'Hudson, place le Cap-blanc près de Mendocino, au 124e degré de longitude occidentale de Londres, ce qui revient à 144 de longitude ordinaire. M. Bellin, Ingénieur de la Marine de France, place le Cap Saint-Lucas au 265e degré de longitude, le Cap Mendocino au 245e, & le Rio Colorado au 260e. Enfin, Don George Juan, dont j'ai déja parlé, dans quelques tables de longitude & de latitude des côtes de l'Amérique, qu'il a dressées lui-même sur les meilleures Cartes de la mer du Sud, dont se servent les Pilotes Espagnols, & qu'il a eu la bonté de me communiquer, place le Cap de Saint-Lucas au 263e degré 50 minutes de longitude ordinaire; le Cap Mendocino au 249e degré 49 minutes, & le Rio Colorado au 251ᵉ degré 49 minutes. Laquelle de ces opinions embrasserons-nous ? C'est là, sans doute, ce qui a occasionné la prudente réserve du Pere Ferdinand Gonzague, lequel en 1746, leva le plan de la côte orientale de la Californie jusqu'au Rio Colorado, pour déterminer au juste sa situation, & décider la dispute qui s'est élevée au sujet de sa jonction avec le continent, mais sans fixer les longitudes dans ses Cartes. Je me suis néanmoins écarté de son exemple dans celle que je donne, les ayant fixées, après avoir mûrement pesé les faits & les observations sur lesquelles elles sont fondées; & je me flatte, quand même elles seroient fausses, qu'elles pourront servir à faire les corrections dont les nouvelles observations feront sentir la nécessité.

SECTION

SECTION II.

Description du Golfe de Californie, de ses Côtes & de ses Isles.

LES Jésuites ont toujours desiré, du moment qu'ils sont entrés dans la Californie, de reconnoître exactement & dans le dernier détail la côte extérieure ou occidentale de cette péninsule, qui est baignée par l'océan Pacifique, ou la mer du Sud. Mais jusqu'ici une infinité d'inconvéniens & de difficultés les ont empêchés d'exécuter ce dessein louable, excepté dans quelques endroits, ainsi qu'on le verra dans son lieu. Longtems avant l'arrivée des Jésuites, on avoit fait plusieurs découvertes sur cette côte, dont la plus exacte est celle que fit en 1602 le Général Sébastien Vizcaino, par ordre de Philippe III. Un Carme Déchaux, appellé Antoine de l'Ascension, qui avoit accompagné ce Général, nous a donné une relation de ce voyage, dont Jean de Torquemada a fait un extrait fidèle, lequel est trop long pour être inféré ici, mais trop important pour l'omettre, ce qui fait que j'en donnerai une copie à la fin de cet Ouvrage, où les curieux pourront s'instruire à loisir de ce que nous avons de plus certain touchant cette Côte. Pour éviter les répétitions, je ne m'arrêterai point à en faire la description, & je passerai à celle de la Mer ou du Golfe de Californie, & des côtes contiguës entre lesquelles elle est enfermée.

Ce Golfe est un bras de la mer Pacifique, compris entre le Cap de Corrientes d'un côté, & le Cap de Saint-Lucas de l'autre, c'est-à-dire, entre les deux côtes de la Nouvelle-Espagne & de la Californie, jusqu'à l'embouchure du Rio Colorado. Il ressemble parfaitement à la mer Adriatique, qui est une branche de la Méditerranée, formée par la côte d'Italie, & celle de la Dalmatie en Grèce. Les premiers qui l'ont découvert l'ont appelé mer Vermeille, & mer Rouge, (*Mar Roxo*) parce qu'elle ressemble par sa forme, & quelquefois par sa couleur & son apparence au Golfe d'Arabie, qui s'étend depuis Suez entre les côtes d'Afrique & d'Asie, & que le passage des Israélites a rendu extrêmement célèbre. On l'a aussi appelée mer de Cortez, pour satisfaire le désir que le Conquérant du Mexique avoit d'immortaliser ses entreprises. Les Missionnaires qui sont venus depuis, lui ont donné le nom de Golfe de Laurete, (*Seno Lauritano.*) en l'honneur de Notre Dame de Laurette, la protectrice & la Patrone de cette Mission. Ils l'ont encore appelée mer d'Orient, parce qu'elle est à l'orient de la Californie, comme au contraire ils ont donné le nom de mer de Ponent, ou de mer Occidentale à l'océan Pacifique, lequel, eu égard au Golfe du Mexique, est situé au nord ; on l'appelle généralement aujourd'hui (*Mer du Sud.*)

Il s'en faut deux degrés que le Cap de Corrientes ait la même latitude que celui de Saint-Lucas ; cependant, comme, à commencer de ce Cap, la côte de la Nouvelle-Espagne prend une direction différente, on dit en général que le Golfe commence à ces deux Caps, l'embouchure de la mer de Californie étant comprise entre eux deux. Le Cap de Corrientes, suivant Don George Juan, est situé au 268 degré 10 minutes de longitude orientale, à compter du Méridien de l'île de Fer, & au 20 degré 20 minutes de latitude septentrionale. Au nord de ce Cap, sur la côte de la Nouvelle-Espagne, indépendamment de quelques endroits peu considérables, se trouvent la baie de Valle de Vanderas, qui n'en est pas fort éloignée, & à-peu-près au 22 dégré de latitude septentrionale, le port de Matanchel, au-dessus duquel est l'embouchure de la rivière de Saint-Jacques, près de laquelle il y a quelques petites îles. Vingt lieues à l'ouest de l'entrée de la baie de Californie, on trouve quatre petites îles, appellées Saint-Jean & les Trois-Maries. Il y a le long de la même côte quatre rivières, sçavoir, Saint-Pierre, Acaponeta, qui est aussi le nom d'une ville située au 22ᵉ degré 10 minutes de latitude septentrionale, Cannas, qui sépare le Royaume de la Nouvelle-Galice de la Province de Cinaloa, & le Diocèse de Durango de celui de Guadalaxara, & la Chiametla dans la Province du même nom, laquelle fait face à l'île de Sainte Elisabeth. Viennent ensuite les rivières de Masatlan, avec les îles du même nom, & celles de Galice, qui forment le Havre de Saint-Sébastien; & dans la mer, l'île de Los-Bendos. On trouve sur le prolongement de la même côte Punta-Negra, qui avance bien avant dans la mer, & les rivières de Piastla, Elota, Tavala & Culiacan, laquelle donne son nom à une ville & une Province située par le 25e degré de latitude septentrionale, comme le fait celle de Cinaola, à-peu-près par le 26e. A peu de distance de là, dans la mer, est un gros rocher, ou plutôt une petite île. Vis-à vis de la côte, se trouvent la baie de Sainte Marie, la rivière & le port d'Ahome, par le 26 degré 30 minutes de latitude, la rivière Puerte, la plus grande qu'il y ait dans ces Provinces; les Esteros & le Port de Saint-Lucas, lequel est formé par une île; & un peu au-delà, à-peu-près par le 28ᵉ degré en face de la montagne de la Mine, celui de Los-Frayles, & la rivière Mayo, qui se jette dans le Havre de Sainte-Croix.

De l'autre côté de la rivière Mayo, commence la Province d'Ostimuri, dont la longueur jusqu'à la rivière Chico est de quarante lieues, laquelle comprend une partie de la Pimeria-Baxa. A l'est sont, la baie de Sainte-Croix, les Criques de Saint-Martin & de Saint-Barthelemi, & la Punta de Lobos. Environ au 29ᵉ degré, la rivière Yaqui ou de Saint-Ignace se jette dans la mer, & forme le port d'Yaqui entre les Villages de Belen & de Raun, lequel, à cause de sa commodité, est extrêmement fréquenté par les barques de la Californie. C'est à cette rivière que commence la Province de Sonora, laquelle s'étend bien avant dans le pays. Ce côté du continent est le dernier que les Espagnols ont conquis, & que les Jésuites ont converti. On trouve, en suivant la côte, le port de Saint-François-Xavier, la baie de Saint-Joseph de Los-Guaymas, & la rivière de Sonora, qui donne son nom à la Province.

Depuis cet endroit jufqu'à Caborca, qui eft éloigné de 90 lieues de la rivière d'Yaqui, la côte, à caufe de fa ftérilité & de la quantité de rochers dont elle eft remplie, paroit un vrai défert. Elle eft habitée par quelques Indiens Seris & Tepocas, lefquels font tous Idolâtres, ou très-peu inftruits dans le Chriftianifme. Elle contient la grande baie de Saint-Jean-Baptifte, près de laquelle eft l'île de Saint Auguftin, & plus loin à l'occident, celle de Saint-Étienne. Plus avant vers le nord eft l'île de Saint-Pierre, près de la côte des Seris. On trouve un peu plus loin la petite rivière qui arrofe la Miffion de la Conception de Caborca, dont l'étendue eft d'environ deux lieues, à compter du rivage de la mer. C'eft le dernier établiffement Chrétien qu'on ait formé dans la Province de Pimeria Alta dans le Gouvernement de Sonora, & il eft fitué au 31e degré de latitude feptentrionale. Les Indiens s'étant revoltés en 1751, la détruifirent, & maffacrèrent deux Jéfuites qui y étoient. Le Père Eufebe-François Kino découvrit un peu au-delà de cette rivière un Port, auquel il donna le nom de Sainte-Sabine; & près du rivage, une petite Isle d'environ trois lieues de longueur, à laquelle il donna celui de Sainte-Agnès. Plusieurs Geographes, tant anciens que modernes, placent sur la partie restante de la côte, à compter du 31 degré, les rivieres Coral, Tizon, de Sainte-Claire, d'Amgouche, des Perles, & de Lajas, les Basfonds & d'autres Caps & Havres. Mais le Père Kino, qui a parcouru plusieurs fois ce pays, & qui étoit très-exact dans ses observations, n'a rien trouvé depuis la rivière de Caborca jusqu'au Rio Colorado qui valût la peine d'être inféré dans ses Cartes, à l'exception du petit ruisseau de Sainte Claire, qui se jette dans la mer. Ayant traversé les montagnes de ce nom, que le même Religieux appelle de Carrizal & de Saint-Marcel, lesquelles sont situées au 31e degré 30 minutes de latitude, il s'en faut si fort qu'il ait rencontré les rivières dont on vient de parler, qu'il n'en a mis qu'une dans sa Carte depuis Sainte-Claire jusqu'au qu'au Rio Colorado, qu'il appelle les *Tres-Ojitos* ou les *Trois-petits-yeux*, laquelle n'est pas fort éloignée du susdit ruisseau de Sainte-Claire. On peut donc assurer, d'après les cartes & les relations du Père Kino, qu'à commencer du ruisseau de Sainte-Claire, le gissement de la côte change & se porte directement de l'est à l'ouest l'espace d'un demi-degré, d'où elle regagne ensuite le nord. Le reste de la côte n'est plus qu'un amas de sable stérile jusqu'au Rio Colorado, qui, comme je l'ai observé ci-dessus, se jette dans la mer par le 32e degré 30 minutes de latitude septentrionale. Il ne peut y avoir au-delà aucune des rivières susdites, vu que c'est-là que finit le golfe, & que la côte orientale de la Californie & celle du continent de la Nouvelle-Espagne se joignent pour former la rivière dont on vient de parler.

Il n'y en a point d'aussi grande dans toute l'étendue de la Vice-Royauté du Mexique. Son embouchure a environ une lieue de largeur, & on y trouve trois petites îles, lesquelles resserrant

C

ses eaux, augmentent la rapidité de son cours. Suivant les relations du Père Kino, qui dès le commencement de la mission de Pimeria-Alta, laquelle fut fondée à la fin du dernier siècle & au commencement de celui-ci, & qui a fait plusieurs voyages sur le Rio Colorado ; suivant le rapport du Père Jacques Sedelmayer, Missionnaire de Caborca & de Tubutama, qui a parcouru plusieurs fois cette riviere en 1744, & notamment au mois d'Octobre de l'an 1748, le Rio Colorado coule directement du nord au sud depuis le 34ᵉ degré, & se jette dans le golfe de Californie. Il reçoit vers le 35ᵉ degré la grande riviere Gila, laquelle se porte directement au nord-est & au sud-ouest, jusques environ le 34ᵉ degré, ce qui est aussi le cours du Colorado, où ces deux rivières se joignent, leurs rives étant habitées jusques-là par la nation des Alchedomas. Le cours de la Gila, à commencer du pays des Apaches, se porte vers l'est & l'ouest, & grossit avant de se joindre au Colorado par la riviere de l'Assomption, c'est le nom que le Père Sedelmayer a donné

DE LA CALIFORNIE 27

à une autre grande rivière différente de la Gila, dans laquelle se jettent deux autres plus petites, dont l'une est appellée Rio Salado, & l'autre Rio Verde. La rivière Gila est éloignée d'environ 100 lieues des dernières Missions de Sonora & de Pimeria, & par conséquent d'environ 600 N. du Mexique.

Il ne me reste plus qu'à donner la description du golfe du côté de la Californie, & de sa côte occidentale. Le golfe commence à la baie de Saint-Barnabé, laquelle est formée par deux caps, dont celui qui est au midi porte le nom de Saint-Lucas, & l'intérieur celui de la Persévérance (*de la Porfia*); c'est dans cette baie que se jette la petite rivière qui traverse la Mission de Saint Joseph de Los Coras. En dedans du golfe est la baie de Las Palmas, & au dessus une autre appellée Serralvo, en face de laquelle est une île située au milieu de la mer. A commencer de cet endroit, la côte se porte au nord en inclinant vers l'ouest jusqu'à la hauteur de Sainte-Croix & de l'île du Rosaire, où elle gît directement à l'ouest. Tirant ensuite du nord au sud, elle forme une pointe

C ij

dans le golfe, laquelle se porte du sud-ouest au nord-est, vis-à-vis de laquelle est l'île du Saint-Esprit. Ce cap forme la baie spacieuse de la Paz, située au 23e degré 30 minutes de latitude septentrionale, dans laquelle est le port de Pitchilingues, près duquel sont quantité de petites îles. Ce fut dans cette baie que débarqua l'Amiral Don Isidore d'Otondo y Antillon dans son premier voyage en Californie, & il y séjourna quatre mois, jusqu'au 31 de Mars 1683. Il remonta ensuite environ 60 lieues au nord, nommément jusqu'à la baie de Los Dolores, appellée *de Apate* dans la langue du pays, vis-à-vis de laquelle sont l'île de Saint-Joseph, & d'autres appellées Las Animas, San-Diego, Santa-Cruz, Montalvan & Catalana. Immédiatement après, la côte forme la baie de Saint-Charles, laquelle est entièrement entourée de petites îles. Au de-là de la côte de Malibat, est la baie de Lorète, ci-devant appellée de Saint-Denys, & dans la langue du pays *Concho*; dans laquelle, comme je l'ai observé ci-dessus, fut fondée la première mission dans la Californie, sous la protection de Notre-Dame de Lorète. Elle est située au 26ᵉ degré de latitude septentrionale. On trouve dans cette baie les petites îles de Montferrat & de Saint-Martial, comme aussi celle du Carmel, qui est la plus grande & la plus avancée dans le golfe. Entre cette île & la côte de Ligui, est l'île de Los Danzantes, & plus avant, celle de Saint-Cosme, de Saint-Damien, & de Los Coronados.

A quelque distance de ces îles & de celle de la Mestiza, la mer forme la petite baie de Saint-Bruno, dans laquelle sont plusieurs îles appellées San-Juanico, où l'Amiral Otondo établit son camp. Au de-là d'une pointe de terre qui avance dans la mer, à qui sa figure a fait donner le nom de Pulpito, commence la baie de Comondu, vis-à-vis de laquelle est l'île de Saint Ildephonse. A commencer de cet endroit, la mer se portant directement au nord, & faisant un retour du nord au sud, forme une autre pointe de terre qui ressemble à celle de la Paz dont j'ai parlé ci-dessus, mais plus étroite, entre laquelle & la côte est la baie de la Conception, dont l'entrée est formée par un amas de petites îles, & qui est située environ au 27ᵉ degré de latitude. Environ à deux lieues de cette baie, la rivière Mulége se jette dans le golfe de Californie, & un peu au dessus est le cap de Saint-Marc. L'île de la Tortue est située vis-à-vis de ce cap dans le milieu du détroit, au midi sont celles qu'on appelle las Tortuguillas, ou les petites Tortues ; & au nord, celles des Galapagos ou Colimaçons. Depuis cet endroit la côte s'étend en inclinant un peu vers le nord jusqu'au cap des Vierges, ainsi appellé d'une chaîne de montagnes qui est auprès, parmi lesquelles on a découvert en 1746 plusieurs volcans. Au dessus de ce cap, la côte incline davantage vers le couchant. A une petite distance de là est le port de Sainte-Anne, & trois lieues plus loin celui de Saint-Charles au 28ᵉ degré de latitude septentrionale. C'est-là que le Père Ferdinand Conzague se rendit le 9ᵉ de Juin 1746, par ordre du Pere Christophe Scobar, Provincial de la Nouvelle-Espagne, avec quatre canots, pour reconnoître le reste de la côte jusqu'au Rio Colorado. Au dessus des ports de la Trinité, de Saint-Barnabé, de Saint-Jean, du cap & de la baie de Saint-Michel de la Pepena, est le cap de Saint-Gabriel de Las Almejas, lequel est tellement redouté par les Marins, qu'ils lui ont donné le sobriquet de *Punta de sal si puedes*, sauve-t-en si tu peux. La latitude de ce cap est de 29 degrés 30 minutes N. Il y a au-dessus de ce promontoire une infinité d'îles appellées *Islas de sal-si puedes*, parce qu'elles rendent la navigation extrêmement dangereuse. L'endroit le plus remarquable de la côte est la baie de Saint-Raphaël, entre laquelle & Saint-Gabriel est l'île de Saint-Laurent, indépendamment de plusieurs autres plus petites. Au dessus est la baie de Las Animas; & celle de Los Angeles, d'où la côte s'étend jusqu'à Saint-Jean & Saint-Paul, qui, avec la grande île de l'Ange-Gardien, forme le canal des Baleines, ainsi appellé de la quantité de baleines qui s'y rendent. Au de-là des baies de Saint-Louis de Gonzague & de la Visitation, la côte gît directement au N. & ensuite au S. jusqu'à la baie de

Saint-Philippe-de-Jesus, formant dans les intervalles les ports de Sainte-Elisabeth & de Saint-Firmin; depuis Saint-Firmin & Saint-Bonaventure elle est couverte de marais, & son gissement est sud-ouest & nord-est, ou entre le nord & l'est, depuis l'embouchure du Colorado, jusqu'à l'extrémité du golfe de Californie, comme je l'ai remarqué ci-dessus.

SECTION III.

Description de la Californie, dans laquelle il est parlé de la nature de son terrain.

ON peut avancer hardiment que jusqu'au commencement de ce siècle, aucun Européen n'avoit pénétré dans l'intérieur de la Californie, & par conséquent que tout ce qu'on en a dit, n'est fondé que sur le peu d'observations qu'on a faites sur la côte. Cependant le desir de soulager en quelque sorte, par des récits extraordinaires & surprenans, le chagrin que causoit le mauvais succès des expéditions qu'on avoit faites pour la conquérir, joint à l'envie que les faiseurs de relations ont de captiver l'attention de leurs auditeurs, en leur racontant les prodiges & les merveilles dont ils ont été témoins oculaires, a fait que plusieurs, après être retournés ignominieusement de ces expéditions, ont cherché à pallier leur défaite, & à flatter le public par le récit de quantité de fables, que chacun s'est efforcé d'embellir du mieux qu'il a pu, pour se faire écouter plus favorablement. Les derniers venus se sont crus obligés d'ajouter aux relations de ceux qui les avoient précédés, certaines circonstances qu'ils ont crues capables de faire plus d'impression ; & ils les ont d'autant moins épargnées, qu'ils sçavoient que peu de gens étoient en état de les démentir.

Les Jésuites eux-mêmes, lors de leur première arrivée dans cette péninsule, n'ont pu en donner une relation exacte & authentique. Il leur a fallu plusieurs années pour pénétrer dans l'intérieur du pays, & pour le reconnoître à loisir, afin de pouvoir en faire un récit fidèle. Quelles erreurs ne commettroit pas un homme qui voudroit décrire l'Espagne d'après les observations qu'il auroit faites sur une partie de ses côtes ? Je ne répéterai donc point les fables des premiers voïageurs, & je ne communiquerai au Lecteur que ce dont on est parfaitement assuré par les relations des voyageurs modernes.

La longueur de la Californie depuis le cap de Saint-Lucas jusqu'aux provinces qui la bornent au nord, & dont on a fait la conquête, est de près de 300 lieues; cela excepté, il n'y a environ qu'un district d'une lieue que l'on connoisse, & dont on ait donné la description, encore s'en faut-il beaucoup qu'elle soit exacte.

Sa largeur est moindre à proportion que sa longueur. Elle n'est au cap de Saint-Lucas que de dix lieues, dans quelques endroits de 20, dans d'autres de 30, dans d'autres de 40 d'une mer à l'autre, selon que les deux côtes sont plus ou moins sinueuses. L'étendue du pays étant telle que je viens de le dire, il doit naturellement y avoir de la différence dans la température de l'air, & les qualités du sol. On peut dire en général que l'air y est extrêmement chaud & sec, & le terrein stérile, inégal, désert, entiérement couvert de montagnes, de rochers & de sables, dénué d'eau, & par conséquent peu propre pour l'agriculture, les plantations & les paturages. Entrons dans un plus grand détail. Dans l'espace de 20 à 30 lieues, à compter du cap de Saint-Lucas, l'air est plus tempéré, le terrein moins stérile & moins inégal, & les rivières plus fréquentes que dans les autres cantons. De là jusqu'à la garnison de Lorète, qui est à peu près le centre de la partie conquise, la chaleur en général est excessive, le terrein montagneux, sec & stérile. Dans la partie restante du pays conquis jusqu'aux missions les plus éloignées, l'air est plus tempéré, de manière que dans quelques saisons de l'année, l'eau se gèle ; mais le pays est d'ailleurs également sauvage. Depuis le 28e degré jusqu'à l'endroit où l'on a poussé la découverte de la côte de la péninsule, le terrein n'est ni si inégal, ni si rempli de rochers ; mais il n'en est pas plus fertile. Cependant le Père Kino, qui traversa le Rio Colorado entre le 34e & le 35e degré, & reconnut avec soin les pays situés à l'occident de cette rivière, entre le canal de Sainte-Barbe, Puerto de Monte Rey, & le Cap Mendocino, nous assure qu'on y trouve des plaines extrêmement fertiles, entrecoupées de belles forêts, quantité d'eau & de paturages, au point qu'on peut y faire tels établiffemens que l'on veut. Ce récit eft confirmé par ce que le Général Vizcaino rapporte de la côte de ce diftrict, & plus récemment encore par ce que le Pere Taraval a obfervé lui-même fur la côte de Saint-Xavier & dans les îles de Los Dolores qui font vis-à-vis, lefquelles forment le canal de Sainte-Barbe dont j'ai parlé ci-deffus. Tous deux conviennent que ces côtes, foit qu'on ait égard à l'air ou à leur fertilité, ne reffemblent en rien aux autres cantons de la Californie.

A juger par ces autorités de la Californie, dans l'efpace d'environ 300 lieues qu'on a découvertes, on ne doit point s'en former une idée fort avantageufe. Cependant, quoique le pays en général foit inégal, montagneux & ftérile, & l'air defagréable & malfain, on trouve néanmoins vers les côtes plufieurs cantons fufceptibles de culture, & propres à produire tout ce qui eft néceffaire à la vie. Les vapeurs qui s'élevent de la mer, tempèrent la chaleur de l'atmofphère; les montagnes fourniffent quantité de courans d'eau, sans lesquels les recoltes manqueroient souvent, à cause que les pluies y sont rares & fort incertaines. Enfin on y trouve des plaines propres au labourage & au pâturage. On trouve dans le centre même de la Californie des vallées & des côteaux dont le terrein est passablement bon, & quantité de sources dont l'eau sert également pour la boisson & l'arrosage. C'est dans ces cantons que les pauvres Californiens ont leurs habitations, & que sont les *Cabeceras** des missions, & les villages qui en dépendent.

On a toujours eu pour maxime de bâtir ces *Cabeceras* près des ruisseaux & des rivières, pour engager les Indiens à vivre dans les villes, & les habituer à une vie chrétienne & sociale. Mais le long de la côte intérieure, depuis le Cap de Saint-Lucas, jusqu'au Rio Colorado, il n'y a que deux petits ruisseaux, dont l'un passe à travers la Mis-

---

* C'est le nom que l'on donne à la principale Ville où le Missionnaire fait sa résidence ordinaire, & d'où il étend ses soins sur plusieurs petits villages qui en dépendent.

sion de Saint-Joseph del Cabo, & se jette dans la baie de Saint-Barnabé ; & dont le second est le Muleje, qui arrose celle de Sainte-Rosalie, & se jette dans le golfe de Californie, par le 27e degré de latitude. Les autres missions sont auprès de quelques sources, qui pour l'ordinaire ne se rendent point à la mer, si ce n'est dans les tems des grandes pluies. Il y en a d'autres qui ne tombent point dans le golfe, mais dans la Mer-pacifique sur la côte occidentale ; mais comme on n'a point d'observations exactes sur ce sujet, je ne dirai rien de plus de ces rivières, de peur d'avancer des faussetés.

M. de Fer, & d'autres Géographes modernes, placent sur cette côte, & dans la latitude de 26 dégrés près du cap de Sainte-Apollonie, le port de Saint-Martin, celui du Nouvel-An, & la rivière de Saint-Thomé, avec cette particularité qu'on les découvrit en 1648. C'est l'ere des expéditions de l'Amiral Otondo, dans lesquelles le Père Kino accompagna cet Officier ; & quoique je n'aye jamais lu dans la relation qu'on en a donnée, qu'Otondo ait jamais mis pied à terre pour visiter ces Ports de la côte orientale & le golfe, cependant je connois trop la curiosité du Père Kino, & la part qu'il a eue aux affaires de la Californie, pour croire qu'il ait pu se tromper dans aucune circonstance relative à cette découverte. Ce Père, tant dans sa grande carte manuscrite, que dans celle qu'on a imprimée en petit papier, place la source de la rivière de Saint-Thomé entre le 26 & 27ᵉ degré de latitude septentrionale, lui fait traverser toute la péninsule, & la fait décharger dans la mer du sud au 26ᵉ degré, formant à son embouchure un grand havre, qu'il appelle le Port du Nouve-lAn (*Puerto de Anno-Nuevo*), lequel fut découvert en 1685. Il y a des deux côtés de la rivière des villages habités par des Chrétiens, comme cela paroît par leur nom, Saint-Jacques, les Saints-Innocens, Saint-Jean, Saint-Etienne, les Rois, la Veille-de-la-Nativité, la Thébaïde & Saint-Nicolas; cependant je ne trouve point qu'il soit fait mention de cette découverte dans les relations de ce tems-là, à quoi j'ajouterai que

que dans les suivantes, il n'est pas dit un mot de cette rivière, de ces établissemens, ni de ces havres, quoiqu'on y parle des plus petits ruisseaux. Ces raisons, jointes à quantités d'autres, font que je n'ose prononcer définitivement. Comme je trouve les mêmes difficultés touchant cette côte extérieure, au défaut d'informations plus exactes & plus récentes, je renvoie le Lecteur à la relation du Général Vizcaino qui est à la fin de cet ouvrage.

SECTION IV.

Des Quadrupedes, Oiseaux, Insectes, Poissons, Coquillages, Arbres, Fruits, Plantes, Minéraux & Perles que l'on trouve dans la Californie & dans ses mers.

J'Espère que le Lecteur, en lisant ce titre, n'exigera point de moi une histoire complette des animaux, des végétaux & des minéraux qui se trouvent dans la Californie. Je sçai parfaitement que l'Histoire Naturelle a été de tout tems l'étude favorite des Sçavans ; je n'ignore point l'application qu'ils donnent à la Physique expérimentale non plus que la protection que lui accordent les Princes Européens, témoins les cabinets de curiosités, les bibliothèques, les jardins, les laboratoires, les théâtres, les académies, & la quantité de livres qu'on trouve chez toutes les Nations policées. Je sçai la satisfaction qu'éprouve un curieux lorsqu'il rencontre quelque nouveauté dans cette science, lors sur-tout qu'elle vient d'un pays éloigné & peu connu. Je sçai qu'on ne doit rien omettre de ce qui concerne l'Histoire Naturelle, vu que rien n'est plus agréable aux gens de goût ; or de là vient peut-être que l'Etre Suprême a inspiré ce goût aux hommes, pour les porter à rechercher les merveilles de sa toute-puissance, sçachant avec quelle ardeur ils cherchent à expliquer les phénomènes de la nature. Peut-être aussi a-t-elle eu dessein, en leur inspirant ce desir de contempler les œuvres de ses mains, de leur faire acquerir quelque idée de sa grandeur. Je vois avec admiration les peines que quantité d'étrangers se sont données pour éclaircir l'Histoire Naturelle des Colonies que leurs Nations ont dans l'Amérique. Je mets de ce nombre M. Hans Sloame *, Président

---

* *Catalogus plantarum, quæ in insula Jamaica sponte proveniunt vel vulgò coluntur, cum earumdem synonimis & locis natalibus, adjectis aliis quibusdam, quæ in insulis Maderæ, Barbadoes, Neves, Sancti Christophori nascuntur, seu prodromus Historiæ Naturalis Jamaicæ*, Londini, 1695. *in fol.* Voyage to the Islands

de la Société Royale d'Angleterre; Mademoiselle Marie-Sybille Merian, qui fit un voyage d'Hollande à Surinam pour acquerir une connoissance parfaite des insectes de ce pays ; Laet & Brig, Hollandois ; Jocelin & Walker, Anglois ; Lerio , François Pison , Markgrave & Rochefort , Hollandois ; Ligon , Anglois ; Cornuto , Italien au service de France ; Bannister, Anglois; Vernon & Crieg , de la même nation; Labat, Dominicain François ; Catesby & Clayton, Anglois ; Barriere, Lafitau & Charlevoix, François, & quantité d'autres dont on trouve les noms dans les Bibliothèques Botaniques de Seguier & de Linnæus. Je ne dois point oublier le soin avec lequel les Espagnols ont cultivé cette étude , même dans le tems des Maures, lequel a augmenté depuis qu'on eut pris la coutume de dicter les ouvrages de Pline dans les écoles. Il y avoit une émulation par-

---

of Madera , Barbadoes , Nevis , St. Christophori and Jamaica , With the Natural History of these countries, &c. London 1707. en deux volumes in-fol. enrichis de 274 planches gravées en taille-douse

mi les Sçavans à qui enrichiroit cet Auteur d'un plus grand nombre de notes. De ce nombre sont Nunnius, Stran, Gomez, de Castro, Ponce de Léon. Rien n'a plus contribué à la perfection de cette science, que les écrits de Laguna, Valles, Herrera, le Prior, Deza, Rios, Salinas, Val de Cebro, Funes, Velez, Vargus, Villafane, Barba, & quantité d'autres dont il est parlé avec éloge dans la Bibliothèque Espagnole. Je n'ignore point la précision avec laquelle Monardes & Oviedo, & surtout le Pere Joseph d'Acosta, ont traité des productions de l'Amérique. Le Père Feyjoo appélle à juste titre ce dernier le *Pline* de l'Amérique. Je ne dois point oublier le fameux François Hernandez, lequel, de même qu'Acosta, fut à l'Amérique par ordre de Philippe II. & qui a légué à la Bibliothèque de l'Escurial dix-sept gros volumes de descriptions, dont le Père Claude Clement porte le témoignage suivant : * « *Qui omnes libri & commen-*

---

* *Bibliotheca Escurialis descriptio : Appendix ad Tractatum Musai, sive Bibliotheca instructio, &c, Lugduni, 1635, in-quarto.*

» *tarii, si prout affecti sunt, ita forent*
» *perfecti & absoluti, Philippus secundus*
» *& Franciscus Hernandez, haudqua-*
» *quam Alexandro, & Aristoteli, in hac*
» *parte concederent.* » Il ne nous reste de
cet ouvrage que les extraits qu'en ont
donné le Père Ximenès & Nardo Recco, Médecin de Philippe IV. Je vois
encore avec plaisir l'applaudissement
général avec lequel le public a reçu les
éclaircissemens sur l'Histoire Naturelle
des possessions que nous avons dans
l'Amérique ; de même que ceux des
Pères Feuillée * & Plumier † ; que
Louis XIV envoya à ses dépens dans
l'Amérique. On peut y joindre la description des plantes des îles Philippines
par le Père Camello, celle de la rivière d'Oronoque par le Père Gumilla ; dans son excellent Ouvrage inti-

---

* Religieux Minime fort sçavant dans les Mathématiques & la Botanique, lequel a donné l'Histoire des Plantes Médicinales du Pérou & du Chili. On l'a imprimé à Paris en 1714. *in-*4°. La suite a paru en 1715.

† Description des Plantes de l'Amérique, *in-fol.* Nova Plantarum Americanarum genera, Paris 1703.

tulé, *Orenoco illustrado* *; & enfin celles que l'on trouve dans la relation du voyage du Pérou par Don George Juan & Don Antoine de Vuoa, associés avec les Académiciens de France, pour déterminer la vraie figure de la terre. En un mot, je sçai avec quelle impatience les Sçavans attendent les observations de M. de Jussieu, que le Roi de France a envoyé avec les Académiciens dont je viens de parler, & qui a séjourné plusieurs années à l'Amérique, dans la seule vue d'éclairer l'histoire naturelle de ce pays. Je n'ignore point toutes ces particularités, & si je les rapporte, c'est bien moins pour me mettre à couvert des reproches des Sçavans, que pour exciter les gens d'esprit qui sont en Espagne à faire cesser les plaintes de Linnæus. ¶ J'en dis autant de ceux qui sont

---

* Cet Ouvrage a été traduit par M. Eidous, & imprimé à Marseille.

¶ Linn. *Biblioth. Botanica*, part. viii. *Florissa*, §. viij. *Hisp.* pag. 96. *Hispanica Flora nulla nobis innotuerunt, adeoque planta ista rarissima in locis Hispaniæ fertilissimis minus delecta sunt. Dolendum est, quod in locis Europeæ cultioribus, tanta existat nostro tempore*

à l'Amérique, & je souhaiterois qu'ils voulussent s'appliquer avec plus d'ardeur qu'ils n'ont fait jusqu'ici à cette science curieuse. On peut faire à mon égard les mêmes plaintes que fait le sçavant Muratori dans sa Notice du Paragay ; car faute d'instructions plus exactes & plus détaillées, je me borne à donner ici une idée générale du sujet dont le titre fait mention.

On trouve aujourd'hui dans la Californie toutes les espèces d'animaux domestiques que l'on connoît en Espagne & dans le Mexique ; les Missionnaires y ayant transporté de la Nouvelle-Espagne des chevaux, des mulets, des ânes, des bœufs, des moutons, des pourceaux, des chèvres, & même des chiens & des chats, qui y réussissent à merveille. Il y a dans la Californie deux espèces de bêtes fauves qu'on ne connoît ni dans l'Ancienne ni dans la Nouvelle-Espagne. La première est celle que les Californiens appellent

---

barbaries Botanicos ! Paucissimas istas plantas, quæ nobis in Hispania & Portugalia constant, debemus curiosis class. iij. Tournefortio & paucis aliis.

Taye

Taye dans la langue Monqui. Cet animal est à peu près de la grosseur d'un veau d'un an & demi, & lui ressemble parfaitement par sa figure, à l'exception la tête, qui est faite comme celle d'un daim; ses cornes sont fort grosses, & contournées comme celles du belier. Il a les sabots larges, ronds & fendus comme ceux du bœuf, la peau tachetée comme le daim, mais le poil plus fin & la queue fort courte. Sa chair est fort bonne à manger, & il y a des gens qui la trouvent exquise. Le second ne diffère du mouton qu'en ce qu'il est plus gros & plus ramassé. Il y en a de deux couleurs, de blancs & de noirs, dont la laine est fort belle. Leur chair est savoureuse, & ils vont par bandes dans les forêts & les montagnes. Il y a dans le pays quantité de daims, de lièvres, de lapins & de chèvres sauvages, malgré la quantité que les Indiens en tuent; mais les Cayotes y sont rares. C'est ainsi qu'on appelle dans le Mexique & dans la Nouvelle Espagne une espèce de chien sauvage, lequel ressemble à certains égards au renard d'Espagne, surtout pour la ruse & la finesse, quoi-

Tome I. E

que sa figure soit très-différente. Il y a aussi dans le pays quelques léopards auxquels on donne le nom de Lions dans le Royaume du Mexique. Il y a quelques années que des Indiens tuèrent un loup, que tous leurs compatriotes assûrèrent être le premier qu'on eût vu dans le pays, ce qui prouve qu'ils y sont rares; car s'il y en avoit, les Indiens ne manqueroient pas de les voir, étant continuellement à la chasse dans les forêts. On trouve fréquemment dans les montagnes des chèvres, des chats & des chiens sauvages. Le Pere Torquemada observe qu'il y a près de Monte-Rey de très-gros ours, un animal approchant du buffle, & un autre entièrement différent du tigre, comme on en jugera par la description que voici: il est à peu près de la grosseur d'un bouvillon, mais fait comme un cerf; son poil ressemble à celui du pélican, & a un pied & demi de long; il a le cou fort long, & des cornes faites comme le bois d'un cerf; sa queue a trois pieds de long sur un pied & demi de large; il a les pieds fendus comme le bœuf. Ce même Pere rapporte qu'on trouve dans la baie de Saint-Barnabé, près du cap de Saint-Lucas, des tigres, dont les Indiens apportèrent quelques peaux aux Espagnols.

Ce qu'il y a de plus curieux dans ce genre dans la Californie, est une espèce d'animal qui ressemble parfaitement au Castor, si tant est que ce n'en soit pas une espèce. La Pere Sigismond Taraval en vit plusieurs dans le voyage qu'il fit en 1733 à l'île de Los Dolores dans un endroit appellé Saint-André, à quatre journées & demie de la Mission de Saint-Ignace. Leur bande étoit si nombreuse, que les Matelots en tuérent une vingtaine à coups de bâtons. Ce Pere envoya la peau de quelques-uns au Mexique. Il croit que ces animaux sont amphibies comme le Castor; mais il ne dit rien de l'industrie avec laquelle ceux du Canada construisent leurs logemens le long des rivières.

A l'égard des serpens & des insectes terrestres, outre les espèces communes, on y trouve celles qui abondent ordinairement dans les pays chauds, comme différentes espèces de vipères, de lézards, de scorpions, d'araignées, de scolopendres, de grillons, de fourmis, auxquelles certaines relations ajoutent les tarantules, sans nous dire si leur morsure cause les mêmes symptômes que celle des tarantules de la Calabre. Enfin, quoique la chaleur soit excessive dans la Californie, on n'y trouve point, même dans les endroits les plus humides, ces sortes d'insectes malfaisans, tels que les punaises, les niguas, * & quantité d'autres qui sont communs & particuliers à l'Amérique.

Il y a dans la Californie une variété infinie d'oiseaux. On y trouve des tourterelles, des hérons, des cailles, des phaisans, des oies, des canards & des pigeons. Les oiseaux de proie sont les vautours, les éperviers, les faucons, les ossifragues, les ducs, les corbeaux, les corneilles, qu'on appelle dans la

---

* Ce sont des petits insectes qui se tiennent dans la poussière, qui sautent comme les puces, & s'insinuent dans les pieds & les jambes de ceux qui ne portent point de chaussure, & s'y multiplient tellement, qu'on ne peut les en tirer ni les détruire sans cautriser ou inciser la partie.

Nouvelle-Espagne en langue Mexicaine, *Zopilotes*, indépendamment d'une autre espèce nommée *Aüras*, lesquelles contribuent à tenir les villes propres, mangeant dès le point du jour les charognes qu'on a jettées dans les rues. A l'égard des oiseaux de nuit, on y trouve des hiboux, des chouettes, & quantité d'autres de plus petite espèce qu'on ne voit point ailleurs, & dont il n'est point fait mention dans aucun Naturaliste; ce qui ne doit point surprendre, vu que les Jésuites eux-mêmes ne nous en ont donné, ni la description, ni le nom. Il y a quantité d'oiseaux de chant dans la Californie, surtout de l'espèce de ceux qu'on trouve dans la Vieille & dans la Nouvelle Espagne, comme des alouettes, des rossignols, &c. dont la plupart ont un très-beau plumage. Le Pere Torquemada dit que près du havre de Monte-Rey il y a des outardes, des pans, des oies, des grives, des cailles, des perdrix, des merles, des bergeronettes, des grues, des vautours, & d'autres oiseaux qui ressemblent à des coqs d'Inde. Ces derniers sont si gros, que la

E iij

distance d'une aîle à l'autre est de dix-sept palmes. Il ajoûte qu'il y a aussi des cormorans, des mouettes, &c. Le meme Auteur dit avoir vu dans l'île de l'Assomption une espèce particulière de mouette, dont je vais donner la description d'après le Frère Antoine de l'Assomption, d'autant qu'elle est commune dans plusieurs contrées de la Californie. « Ces mouettes vivent de » pélamides & d'autres petits poissons. » Elles sont de la grosseur d'une oie; » elles ont le bec long d'un pied, les » jambes aussi longues que celles de la » cicogne, & le bec & les pattes faites » comme celles de l'oie. Leur jabot est » fort gros, & ressemble à ces bouteilles » de cuir dont on se sert au Pérou pour » porter de l'eau; c'est dans cette po- » che qu'elles mettent la nourriture » dont leurs petits ont besoin. L'ami- » tié que ces oiseaux ont les uns pour » les autres est quelque chose d'éton- « nant; ils se secourent entre eux de » meme que s'ils avoient l'usage de la » raison. S'il arrive que quelqu'un d'eux » soit malade, foible, impotent, & » hors d'état de pouvoir chercher sa

» nourriture, les autres ont soin de lui
» en apporter : c'est de quoi j'ai été
» moi-même témoin dans l'île de Saint-
» Roch, où je trouvai par hazard une
» de ces mouettes attachée avec un
» cordon & avec une aîle cassée, &
» tout-au-tour quantité de petites pé-
» lamides que ses camarades lui avoient
» apportées. C'est-là un stratagême
» dont se servent les Indiens pour avoir
» du poisson. Ils se tiennent cachés
» pour ne point épouvanter les oi-
» seaux qui apportent ces provisions,
» & s'en emparent lorsqu'il y en a une
» quantité suffisante. » Telles sont les
voies mystérieuses qu'employe la Providence pour subvenir aux besoins de
ses créatures.

Comme l'air & les qualités du terrein ne sont point uniformes dans toutes les contrées de la Californie, il est
aisé de sentir qu'il doit y avoir beaucoup de variété dans la production des
arbres & des plantes. La pointe de la
péninsule vers le cap de Saint-Lucas,
est plus unie, plus fertile & plus tem-
pérée qu'aucune autre ; aussi les bois
y sont-ils plus fréquens. Dans les au-

tres parties, même jufqu'aux miſſions les plus éloignées qui ſont ſur la côte orientale, on n'a point encore découvert du bois aſſez fort pour faire des ſolives; & celui que l'on trouve dans quelques Egliſes & dans d'autres bâtimens, eſt venu par mer de Cinaloa. Ce n'eſt que dans le territoire de Guadaloupe que l'on trouve du merrein, & c'eſt de celui-là qu'on s'eſt ſervi pour conſtruire la chaloupe appellée le Triomphe de la Croix, pour pouſſer les découvertes dans le goſle, comme on le verra dans la ſuite. Le Pere Toroquemada & le P. de l'Aſcenſion diſent cependant, qu'il y a dans la baie de la Magdeleine ſur la côte extérieure, une piéce de terrein près de la mer, plantée de gros arbres dont les Indiens ſe ſervent pour conſtruire leurs barques. Les montagnes répandues dans ce vaſte pays, ſont entiérement dépouillées de verdure, de même que la *Sierra Pintatada*, ou tout au plus couvertes de petits buiſſons, d'églantiers & de petits arbriſſeaux, ce qui n'empêche pas qu'on n'y trouve d'excellens fruits, dont les uns ſont communs en Europe, &

d'autres particuliers à l'Amérique. Il est cependant beaucoup plus abondant le long des côtes, à cause de l'eau qu'on y trouve, sur-tout sur les bords des lacs & des rivières. Il croît aussi quelques saules & quelques palmiers sur les bords des rivières, surtout vers le Cap de Saint-Lucas.

Entre les plantes & les arbrisseaux dont la Californie abonde, celui qui tient le premier rang est le *Pitahaya*, qui est une espèce de hêtre dont le fruit fait la principale nourriture des habitans. Cet arbre n'est point connu en Europe, & diffère de tous les autres qui sont au monde. Ses branches sont canelées, verticales, & forment un très-beau bouquet; elles n'ont point de feuilles, & le fruit naît des tiges. Ce fruit est fait comme un maron d'Inde & armé de piquans; mais sa chair ressemble à celle de la figue, avec cette différence qu'elle est plus molle & plus succulente. Il y en a de blanc, de rouge & de jaune, mais d'un goût très-exquis. Il y en a de doux, & d'autres qui sont acides. Comme le *Pitahaya* est plein de suc, il se plaît dans les terreins secs : mais sa principale qualité est d'être un spécifique contre le mal de *Loanda*. On trouve aussi dans la Californie quantité de *Junas* rouges, qu'on appelle dans la Nouvelle-Espagne *Junas Japonas* ; c'est une espèce particulière de figue. Le Pere de l'Ascension dit qu'il y a quantité d'arbres dans la baie de Saint-Barnabé, comme des figuiers, des lentisques, des Pitahayas & des pruniers, qui, au lieu de résine ou de gomme, donnent quantité d'encens très-fin & très odoriférant. Je ne sçaurois dire quel goût ont ces prunes ; tout ce que j'en sçai, est que ceux qui ont été dans la Californie, en font très-grand cas. Ce n'est point seulement dans cette baie que ces pruniers abondent, on en trouve beaucoup dans d'autres cantons, près de la côte occidentale, & les Indiens ont soin d'en ramasser le fruit. Ces pruniers, de même que les autres arbres, rendent une si grande quantité d'encens, qu'on le mêle avec du suif pour suiver les vaisseaux. Les montagnes & les forets produisent le *Mezcal* ; & suivant le Pere Torquemada, le *Maquey*, dont les racines cuites dans l'eau, font la principale base du *Mexcalli*, espèce d'aliment que les naturels du pays présentèrent aux Espagnols lors de leur arrivée dans la baie de Saint-François. On y trouve aussi des vignes sauvages & quantité d'herbes & de petites plantes, entr'autres la *Pita*, dont les Indiens tirent du fil pour faire leurs filets & pour d'autres usages. Il y a différentes herbes qu'ils employent pour faire des assiettes & des baquets, en quoi ils réussissent admirablement. Les habitans du Rio Colorado font avec les mêmes herbes des espèces de petites manes, appellées *Coritas*, qui contiennent pour l'ordinaire environ deux boisseaux de maïz. Ils s'en servent pour transporter leurs effets d'un rivage à l'autre, sans que l'eau les endommage le moins du monde ; ils se jettent à la nage, & les poussent devant eux. Il y a d'autres herbes qui leur servent de nourriture, dont on trouve trois espèces dans la Nouvelle Espagne. La première est la *Yuca*, qui est une grosse racine charnue, qu'ils coupent par rouelles & dont ils expriment le suc, après quoi ils en font des gâteaux, qui leur tiennent lieu de pain. La seconde est le *Camotes*, qui est très-douce & très-bonne à manger. La troisième, le *Gicamas*, qui l'emporte pour le goût sur celle du Mexique. Il n'y a presque point d'herbe ni de racine dont ils ne tirent parti. Le Pere François-Marie Picolo, un des premiers Missionnaires qui furent dans le pays, rapporte qu'il y a plus de quatorze différentes espèces de graines dont ils font usage. En voici trois qu'il nomme, le haricot rouge, la graine de chanvre & l'alpiste. Outre ces arbres & ces racines, il y en a d'autres que les Missionnaires y ont transplantées du continent, & dont la plûpart ont très-bien réussi, surtout dans les endroits où il y a de l'eau; de manière que les bords des rivières, des canaux & des abreuvoirs, sont entourés d'oliviers, de figuiers & de vignes, & ces dernières ont si bien réussi dans quelques endroits, qu'elles donnent un vin aussi bon que le meilleur qu'on ait en Europe. Le Pere Jean de Ugarte, dont j'aurai souvent occasion de parler dans la suite, y a transporté presque tous les arbres fruitiers qui croissent dans la Nouvelle Espagne, & les ayant plantés dans un terrein bien préparé sur la côte de Saint-Michel, avec la précaution de les arroser tous les jours, ils sont tous bien venus. Le froment, le maiz, les faseoles, les melons, les pois chiches, les légumes & les herbes potagères, ont également réussi partout où l'on a pu les semer & les cultiver. Les Pères Kino & Jean de Torquemada rapportent que dans les pays qu'on n'a point encore réduits, & qui sont situés entre le Rio Colorado & les côtes de Monte-Rey, jusqu'au cap Mendozino, il y a quantité de gros arbres, comme ieuses, pins & peupliers blancs & noirs.

Aucun voyageur n'a encore parlé de ses mineraux; mais quelques personnes intelligentes se fondant sur l'appa-ence extérieure du terrein, sont persuadées qu'il y a dans la Sierra Pintada & dans d'autres cantons quantité de métaux, & même des mines d'or & d'argent. Le Capitaine Woods Rogers dit que quelques-uns de ses gens apperçurent sur la côte de la Californie plusieurs grosses pierres pesantes & reluisantes, qu'ils jugèrent renfermer quelque métal précieux; mais qu'ils n'eurent ni le tems de les aller chercher, ni celui de les transporter à bord pour les examiner. En effet, ce qui donne lieu de croire qu'il doit y avoir des mines dans la Californie, est qu'il s'en trouve quantité sur la côte opposée de Sonora & de Pimeria: car en 1730, on découvrit une veine sur une éminence peu éloignée de la garnison de Pimeria, dont on tira sans beaucoup de peine une quantité d'argent qui surprit les habitans de la Nouvelle-Espagne, de sorte que l'on douta quelque tems, si c'étoit une mine ou un trésor que les Indiens y avoient cachés. On en a découvert quelques autres qui contenoient des veines d'autres métaux. On y trouve aussi du sel de roche aussi blanc que du cryſtal, dont on a envoyé quelques morceaux à Mexico.

Quoique le terrein de la Californie soit généralement ſtérile, cependant le voisinage de la mer fait qu'on n'y manque de rien; l'océan Pacifique & le golfe de Californie étant extrêmement poissonneux. Le Père Antoine de l'As-

DE LA CALIFORNIE. 63

cension, parlant de la baie de Saint-Lucas, dit, " qu'avec les filets qu'il y
» avoit à bord de chaque vaisseau, il
» n'y avoit point de jour qu'on ne prît
» quantité de différens poissons, tous
» sains & très-bons à manger ; surtout
» des saumons, des turbots, des chiens
» de mer, des pélamides, des grosses
» huitres, des raies, des maquereaux,
» des barbeaux, des bonites, des soles,
» des écrevisses de mer, & des huitres
» à perles. » Parlant de la baie de Saint-François qui est sur la côte occidentale, il ajoute : " Il y a une si grande
» quantité de poisson dans cet endroit,
» qu'avec un filet que le Chef d'Escadre avoit à bord, on en prenoit plus
» par jour, que l'équipage n'en pouvoit
» manger. Ces poissons étoient tous
» d'espèce différente, comme cancres,
» huitres, bremines, maquereaux, merlus, barbeaux, raies, &c. „ Il parle
dans un autre endroit de la quantité
prodigieuse de sardines que l'Ebe laisse sur le sable, & qui l'emportent de
beaucoup pour la délicatesse sur celles
de Laredo en Espagne, qui étoit dans
ce tems-là fameux à cause de ce pois-

son. Le golfe n'est pas moins poissonneux, & indépendamment des espèces susdites, on y trouve des thons, des anchois, &c. Il n'y a point de petits ruisseaux dans cette péninsule où l'on ne trouve des barbeaux & des écrevisses. Mais le poisson le plus renommé des deux mers est la baleine, ce qui a induit les anciens Cosmographes à appeller la Californie *Punta de Balenas*, le cap des Baleines. Ce poisson est si abondant le long des deux côtes, qu'il a donné son nom à un bras du golfe, & à une baie qui est dans la mer du Sud.

Parlons maintenant des espèces amphibies & testacées. Il y en a peu des premières, à l'exception des castors, dont j'ai déja dit quelque chose, si tant est que c'en soit, & des loups marins, auxquels quelques-uns donnent le nom de lions marins. Ces derniers fréquentent certains rivages, de même que les îles désertes de l'une & l'autre mer.

Le poisson le plus remarquable parmi l'espèce testacée, est la tortue, & la mer en jette un si grand nombre sur le rivage, qu'il en est quelquefois entiérement tièrement couvert. On trouve fur la côte du Sud certains coquillages, dont la beauté furpaffe tout ce qu'on a jamais vu dans ce genre. Ils ont un éclat fupérieur à celui de la plus belle nacre de perle, & vus à travers d'un vernis tranfparent, ils font d'un bleu auffi vif que le lapis-lazuli. Bien des gens font perfuadés que fi l'on en apportoit en Europe, ils feroient tomber dans peu l'aigue marine. Ils font univalves, & par conféquent différens de ceux dans lefquels on trouve les perles, ces derniers étant bivalves comme nos huitres. On les appelle *madres perlas*, & on les trouve dans la Californie, ou plutôt, comme dit le Père Piccolo, tout le long de la côte, furtout fur celle des îles adjacentes, où ils forment un fi grand nombre de bancs, qu'on peut les compter par milliers.

Cette abondance de perles a rendu la Californie fi fameufe depuis deux fiécles, que quantité de perfonnes avides de ce tréfor s'y font tranfportées, ont vifité les recoins les plus cachés du golfe, & s'y rendent tous les jours dans l'unique vue de s'enrichir par ce trafic,

F

Les huitres dans lesquels elles sont enfermées, forment dans le golfe quantité de bancs qu'on appelle communément *Hostias*. La mer de Californie, dit le Père Torquemada, contient plusieurs riches pêcheries de perles, les couches d'huitres ne sont qu'à trois ou quatre brasses de profondeur, & on les voit aussi distinctement que si elles étoient sur la surface de l'eau. Il ajoute que les Indiens les jettoient autrefois dans le feu pour les ouvrir, & en manger la chair, ce qui faisoit périr les perles ; mais qu'ils ont changé de conduite, depuis qu'ils se sont apperçus de l'empressement avec lequel les étrangers les recherchoient, & qu'ils les ramassent & les conservent aujourd'hui avec beaucoup de soin. Plusieurs Nations se mêlent de cette pêche ; & comme le golfe a peu de profondeur, elle est plus facile & moins dangereuse que sur les côtes du Malabar & des autres contrées des Indes orientales, du moins si l'on en croit les relations qu'on en a données. Quantité de personnes s'y rendent du continent de la Nouvelle-Espagne, de la

Nouvelle-Galice, de Culiacan, de Cinaloa, & de Sonora, ce qui a donné lieu à plusieurs violences dont on a porté des plaintes au Gouvernement, & elles ne cesseront jamais tant que les hommes se laisseront dominer par la cupidité des richesses.

Le Pere Piccolo rapporte que dans les mois d'Avril, Mai & Juin, il tomba avec la rosée une espèce de manne, laquelle s'épaissit & se fige sur les feuilles des arbres. Il dit en avoir gouté, & qu'il l'a trouvée aussi douce que le sucre, dont elle ne diffère que par la blancheur. Ce bon Religieux parle ici conformément à l'opinion du vulgaire, qui s'imagine que la manne tombe du ciel: mais tous les Botanistes conviennent aujourd'hui que ce n'est qu'un suc qui suinte des plantes, de même que les gommes, l'encens, le baume, la résine, &c. Il n'est pas étonnant que les arbres de la Californie donnent de la manne, puisqu'on en trouve quantité dans plusieurs Provinces d'Espagne, qui ne le céde en rien à celle de Calabre & de Sicile. On ne la connoissoit point autrefois; mais sur les représentations que le Collége Royal des Médecins de Madrid fit en 1752, le Roi donna ordre à deux de ses membres de l'examiner avec soin, & d'en faire leur rapport. Ces deux membres étoient Don Joseph Minuart & Don Christophe Velez. * Le premier fut envoyé dans les montagnes d'Avila, & le second aux *Pedroches*, où sept villes de Cordoue, situées dans les montagnes de l'Andalousie, avec ordre, pour mieux s'assurer de ses vertus, d'en donner aux malades qui étoient dans les hôpitaux. Ils ont trouvé que l'Espagne seule produit assez de manne pour en fournir à tout le reste du monde; car indépendamment des lieux dont on vient de parler, où on la recueille dans la canicule, on en trouve aussi dans les mon-

---

* Ce sçavant Botaniste est mort à Madrid en 1753, au grand regret de ceux qui cultivent l'étude des plantes. Ses vertus morales, la profondeur de son sçavoir, & son expérience consommée dans toutes les parties de l'Histoire Naturelle, avoient engagé plusieurs Sçavans à cultiver sa correspondance, & il méritoit sans contredit une plus longue vie.

DE LA CALIFORNIE. 69
tagnes des Asturies, de Galice, de Cuença, d'Arragon & de Catalogne, où on l'appelle *Mangla*, où elle n'avoit servi jusqu'ici qu'aux abeilles, qui l'emploient pour faire leurs rayons.

SECTION V.

Des différentes Nations de la Californie, & des Langues qui y sont en usage.

LE mot de Nation généralement parlant, a une toute autre signification dans l'Amérique qu'en Europe, où on ne l'emploie pas toujours dans le même sens. On l'applique en Europe à ceux qui habitent une certaine étendue de pays ; ou qui vivent sous le meme gouvernement, soit que leur langage soit le même ou non. Dans l'Amérique, n'y ayant parmi les Indiens qui n'ont point encore été conquis, ni distinction, ni limites de Province, ni démarcation, dans les deux Empires du Mexique & du Pérou, tous ceux qui parlent la même langue, passent pour une même nation, soit qu'ils vivent ensemble, ou qu'ils soient dispersés dans différens cantons. Dans le cas même où les idiomes différent, comme cette différence est petite, les langues n'étant que de simples dialectes d'une autre, il ne laissent pas que de s'entendre entr'eux. Lors au contraire que leurs langues sont si différentes, qu'ils ne peuvent s'entendre les uns les autres, on dit alors qu'ils sont de différentes nations. Quelquefois cependant les nations ne tirent point leur nom de la langue qu'elles parlent, mais de la contrée qu'elles habitent, ou de quelque autre circonstance semblable.

A l'égard des Nations qui habitent la Californie, on n'est pas moins partagé sur leur origine, que sur les langues qu'elles parlent. Quelques Missionnaires prétendent qu'on parle six différentes langues dans cette péninsule; d'autres disent qu'il n'y en a que cinq. Mais le Père Taraval & quelques autres n'en comptent que trois. Cette différence vient de ce que les uns ont jugé les langues différentes, au lieu que les autres, après les avoir examinées avec plus de soin, ont trouvé qu'elles n'étoient que des dialectes de la même langue, & que leur différence étoit trop petite, pour mériter la peine qu'on les distinguât.

Parmi cette foule d'opinions que cela a occasionné dans les narrations, je crois devoir donner la préférence à celle du Père Taraval, vu qu'il connoît parfaitement le pays, & qu'il a été témoin oculaire des faits qu'il avance. Les langues que l'on parle dans la Californie, dit ce judicieux Missionnaire, sont au nombre de trois, celle de Cochimies, de Perieues & de Lorète. On a formé de la dernière deux dialectes, sçavoir, celui de Guaycura & d'Uchiti. Cette variation est néanmoins si grande, qu'une personne qui ignore les trois langues, seroit portée à croire qu'il y en a jusqu'à cinq. Les Indiens entendent les trois langues de Lorète, de Guaycura & d'Uchiti, & se servent des mêmes mots pour designer les mêmes choses; mais le nombre n'en est pas fort grand. Ceux qui tiennent que ces trois variations ont été formées de deux langues, concluent qu'il doit y en avoir eu quatre. Les principales Nations de la péninsule qu'on a découverte jusqu'ici, parlent les trois langues susdites, & sont divisées en trois parties presque égales entr'elles. La première

mière vers le midi, depuis le cap de Saint-Lucas, jusques un peu au-dessus du port de la Paz, est habitée par la nation des Pericues; la seconde, depuis la Paz, jusqu'au-delà de la garnison de Lorète, par celle des Monquis; & la troisième, depuis Lorète au nord, par celle de Cochimies. On observera cependant que dans le territoire d'une nation ou langue, il y a pour l'ordinaire des établissemens d'autres langues & d'autres nations, & que ces nations générales sont soudivisées en tribus ou en familles. La même langue a aussi différens noms, & les établissemens, de même que les petites nations, comme je l'ai observé ci-dessus, prennent ordinairement leur nom, non point de la langue qu'elles parlent, mais d'autres circonstances.

Pour procéder avec clarté, & éviter autant qu'il est possible l'erreur & la confusion où l'on pourroit tomber dans une matière aussi embrouillée, il est bon de remarquer que dans la mission de Loretto-Concho, qui est le siège de la garnison royale, & la capitale de toutes les missions, on emploie certains

Tome I. G

mots particuliers pour désigner les nations de la péninsule, relativement aux districts où elles habitent. On appelle les Indiens qui sont au midi de ce territoire *Edu*, *Eduu* ou *Edues*, quoiqu'ils s'appellent entr'eux du nom général de *Monqui*, ou *Monquis* : ils appellent *Laymones* les peuples qui habitent plus au nord. Ces trois noms ayant pris leur origine dans la capitale, sont parfaitement connus dans toute la Californie. Mais comme différentes personnes se servent tantôt d'un nom, & tantôt d'un autre, & qu'il peut aisément en résulter de la confusion ; il convient d'observer, que les *Edues* sont les mêmes que les *Pericuees* du midi, quoique l'on comprenne sous le nom d'*Edues*, non seulement ces derniers, mais encore quelques branches du nom général de *Loretto*, ou des *Monquis*. Les *Laymones* sont les mêmes que les *Cochimies* septentrionaux ; ce qui n'empêche point qu'on ne donne le même nom à quelques établissemens de la même nation méditerranée de *Monqui* ou de *Loretto*.

La nation des *Pericues* ou des *Edues*

que j'ai dit habiter la partie méridionale de la Californie, vers le cap de Saint-Lucas, est subdivisée en plusieurs tribus, dont la plus nombreuse est celle des *Coras*, qui étoit originairement le nom d'une seule *rancherie*, & que l'on a donné depuis à quelques villages, de même qu'à la rivière qui se jette dans la baie de Saint-Barnabé. La nation de *Loretto* n'a point de nom propre dans la langue Indienne, qui embrasse toute son étendue, & de là vient que pour la désigner en général, on emploie le nom de la principale de ses branches, ou districts, sçavoir, les *Monquis*. Mais indépendamment de celles-ci, il y en a d'autres qui tirent leurs noms de la différence de leur dialecte, des contrées qu'elles habitent, & d'autres incidens. Les plus remarquables entre celles-ci, sont les *Uchiti*, qui habitent dans le voisinage de la baie de *la Pas*, & les *Guaycuras*, qui s'étendent depuis *la Paz*, le long de la côte du golfe, jusqu'aux frontières de *Loretto*. Les *Monquis* eux-mêmes sont divisés en *Ligues*, *Diduis*, & autres branches plus petites. Ceux qui pensent que le *Guaycura* & l'*Uchiti* font deux langues différentes, de celles de *Monquis*, font encore perfuadé que ces font des nations différentes, & non point des branches de la même. Cependant j'aime mieux m'en tenir au fentiment du Père Taraval, qui les confidère comme une nation & une langue générale. La plus nombreufe de toutes ces nations eft celle des *Cochimies* ou *Laymones*; & en effet, on ne connoît point encore l'étendue de fa langue. Cette nation eft pareillement divifée en plufieurs branches, qui ont leurs petites variations dans l'idiome, la terminaifon, & la prononciation. On obferve la même chofe dans la miffion la plus feptentrionale, dédiée à Saint-Ignace, fur tout le refte de la côte jufqu'au Rio Colorado, fur la côte occidentale oppofée, dans le canton qui porte le nom de Saint-Xavier, & dans l'île de Los Dolores.

Ce font-là toutes les nations qu'on a réduites jufqu'ici; mais la nation & la langue des Cochimies paroît s'étendre au-delà de la dernière miffion de Saint-Ignace. Outre ces nations qu'on a converties, on en a découvert d'autres dans le continent de Pimeria, que je ne dois point passer sous silence, vu qu'elles appartiennent à la Californie. Le Père Kino rapporte que dans le voyage qu'il fit de Pimeria au Colorado, qu'il passa dans l'endroit où il reçoit la Gila, il trouva le long de ses bords du côté de la Californie, les nations suivantes ; sçavoir, les Bagiopas, les Heabonomas, les Iguanas, & les Cutguanes ou Cueganas. Il place dans sa carte les Bagiopas près de l'embouchure du Colorado, & les Heabonomas un peu au-dessus, sur le bord oriental de cette rivière, vis-à-vis les Yumas & les Quiquimas, qui habitent sa rive occidentale. Le même Père a trouvé un peu au-dessus du confluent du Gila & du Colorado, à l'ouest du premier & à l'est du dernier, la nation des Alchedomas, lesquels habitent la rive occidentale du Colorado, & forment des rancheries grandes, nombreuses & bien peuplées ; il s'en trouve aussi sur les rives contiguës du Gila. Il ajoute, qu'un Cocomaricopane l'assura, que de l'autre côté du Rio Colorado, vers la Californie, il y avoit une autre na-

G iij

tion, appellée Cuculatos, mais si inconnue, qu'il lui fut impossible d'en rien apprendre. Les autres nations qui habitent les contrées situées entre le Rio Colorado, Monte Rey, le cap Mendozino & le reste du pays, le long de ces côtes, sont entièrement inconnues, de manière qu'on ne peut en rien dire avec certitude.

Les Californiens ressemblent à toutes les autres nations qu'on a découvertes jusqu'ici par la conformation de leurs corps. Ils ont le visage assez agréable, s'ils ne le défiguroient par le fard & les couleurs qu'ils y mettent, & s'ils ne se perçoient les narines & les oreilles. Il est vrai qu'ils ont le teint plus noir & plus bazanné que les Indiens de la Nouvelle-Espagne; mais ils sont en général robustes, vigoureux & bien constitués. Il ne paroît pas que les Californiens ayent connu l'usage de l'écriture, cet art merveilleux qui nous met à même de converser avec les Anciens, & de conserver le souvenir des événemens passés. Il n'y a pas une nation de l'Amérique qui ait eu la moindre idée de cette belle invention. Il faut cependant avouer que les Péruviens ont eu quelque chose d'approchant dans leurs *quipos* ou cordons de différentes couleurs, dont ils se servoient avec une sagacité surprenante, pour conserver leurs traditions & leurs antiquités, & pour d'autres usages nécessaires dans la société. On peut voir une description particulière de ces *quipos* dans Acosta, Garcilasso & Martin Murua, dont le manuscrit, si estimé par Don Nicolas Antoine, existe encore dans la bibliothèque des Jésuites à Alcala de Henarès en Espagne, & dont on trouve des copies dans d'autres endroits.

Rien ne prouve mieux le génie admirable des Mexicains que les symboles & les hiéroglyphes dont ils se servoient pour représenter les événemens, & pour conserver la connoissance de leur religion, de leurs loix, de leur histoire, & même les droits des familles particulières. On ne peut voir sans étonnement leur chronologie, leurs cycles & leurs calculs. Ceux qui seront curieux de les connoître, peuvent consulter Gomara, Dias del Castillo, Acosta, Herrera, Torquemada, Solis, Bétancourt, & presque tous ceux qui ont traité des affaires des Mexicains, particulièrement le Père Kircher, Gemelli Careri, Purchas & les autres Auteurs étrangers.

Si les Californiens eussent connu l'écriture, il nous eût été aisé de sçavoir si les fondateurs des Nations Américaines ont passé d'Asie dans le continent ou non, & si cela est arrivé avant ou depuis l'invention des lettres en Asie & en Europe. Nous aurions pu de même former des conjectures raisonnables sur la nation qui peupla la première ce vaste continent.

Les Californiens sont plus voisins de l'Asie qu'aucun autre peuple de l'Amérique qu'on ait découvert jusqu'ici. Nous connoissons la façon d'écrire de toutes les nations Orientales. Nous distinguons aisément l'écriture des Japonois, des Chinois, des Tartares Chinois, des Tartares Moungales, & des autres nations jusqu'à la baie de Kamfchathka, comme on peut le voir dans la sçavante dissertation qu'a donné M. Bayer dans les Mémoires de l'Académie Impériale de Petersbourg. Quelle découverte ne seroit-ce pas, si l'on

DE LA CALIFORNIE. 81

trouvoit quelqu'un de ces caractères, ou tel autre approchant parmi les Indiens Américains qui confinent avec l'Asie ? Si les Californiens ont possédé jadis quelque invention pour perpétuer leur mémoire, ils l'ont entièrement perdue, & l'on ne trouve aujourd'hui parmi eux que quelques traditions orales, obscures & incertaines, d'autant plus fausses, qu'elles sont plus anciennes. Ils ignorent jusqu'aux pays d'où ils sont sortis; de manière que les Edues ou Pericues, les Cochimies ou Laymones, ne sçavent autre chose sinon que leurs ancêtres sont sortis du nord; ce qu'il est aisé de sçavoir sans eux, la Californie étant isolée de tous les côtés, excepté au nord, où elle tient au continent. D'ailleurs, il n'est pas possible que les premiers fondateurs s'y soient rendus par mer; ils ignorent le tems dans lequel ils sont venus dans le pays ; en un mot, leur stupidité & leur ignorance sont telles, qu'ils paroissent n'avoir jamais eu aucun moyen de distinguer les années, ni les intervalles des tems, comme le faisoient les Mexicains avec leurs cycles de cinquante années. Ils paroissent un peu plus instruits du motif qui obligea leurs ancêtres à quitter le pays du Nord pour venir s'établir dans la Californie. Ce fut, si l'on en croit leur tradition, une querelle qui s'éleva dans un festin, où se trouvèrent les chefs de différentes nations. Elle fut suivie d'une bataille sanglante, ensuite de laquelle les vaincus s'enfuirent vers le sud, où les vainqueurs les ayant poursuivis, ils furent obligés de se retirer dans les bois & les montagnes de cette péninsule.

D'autres disent que cette querelle n'eut lieu qu'entre deux chefs, qu'elle divisa la nation en deux factions opposées, & qu'après une bataille sanglante, l'une obligea l'autre à chercher sa sûreté dans les montagnes & les îles. C'est-là tout ce que les Missionnaires ont pu apprendre touchant l'origine & l'émigration des Californiens ; sur quoi il est bon d'observer combien ces peuples sont exempts de la vanité de plusieurs nations policées, lesquelles affectent de tirer leur origine de pays extrêmement lointains, & de rapporter quantité d'histoires pompeuses pour faire honneur à leurs ancêtres. Il paroît en effet étrange, qu'ils se disent descendre de gens qu'une force supérieure obligea de quitter leur pays natal, lorsqu'il leur étoit si facile d'attribuer leur origine aux plus fameux conquérans. Nous avons cependant deux exemples illustres de la même candeur chez les Anciens. Rome & Carthage se vantoient de devoir leur origine à des gens qui avoient été chassés de leur pays; la première aux Troyens, & la seconde à des Tyriens fugitifs. Quoiqu'il en soit, la conjecture la plus probable est que ces nations, de même que toutes les autres de l'Amérique, y ont passé de l'Asie après la dispersion des nations & la confusion des langues. On peut en même-tems assurer qu'on n'a pu trouver jusqu'ici chez aucune des nations Américaines qui sont de côté & d'autre de la Ligne équinoxiale, un seul monument clair & authentique qui prouve qu'ils soient venus d'Asie, ni qu'ils ayent passé de ce continent dans l'Amérique, ainsi qu'on le suppose communément. On n'a pas même trouvé dans les contrées les plus reculées de l'Asie où les Russes ont pénétré jusqu'ici le moindre vestige, ni la moindre tradition, que les peuples qui les habitent ayent jamais eu aucun commerce avec les Américains, ni qu'ils les ayent connus.

SECTION VI.

Du caractère & des mœurs des Californiens, & de leur Gouvernement civil & militaire.

IL suffit de dire à ceux qui connoissent les nations de l'Amérique, & qui ont étudié leur génie & leur caractère, que les anciens habitans de la Californie n'en différent en rien, si l'on en excepte celles du Mexique & du Pérou, qui ayant cultivé leur raison par l'union & le commerce qu'elles ont eu entr'elles, se sont aussi distinguées par leurs loix, leur police, leur conduite militaire, &c. aussi-bien que par les bons offices qu'elles se sont rendus dans diverses occasions. Toutes les autres nations de l'Amérique ont à peu près la même capacité, la même disposition & les mêmes mœurs. Les marques caractéristiques des Californiens, de même que de tous les autres Indiens, sont la stupidité & l'insensibilité, le défaut de connoissance & de réflexion, l'inconstance, l'impétuosité, un appétit aveugle, une paresse excessive qui leur fait abhorrer la fatigue & le travail ; l'amour du plaisir & des amusemens, quelque insipides & brutaux qu'ils soient ; la pusillanimité & le découragement, en un mot, le défaut total & absolu de tout ce qui constitue l'homme, & le rend raisonnable, inventif, traitable & utile à lui-même & à la société. Il n'est pas aisé aux Européens qui ne sont pas sortis de leurs pays, de se former une juste idée des peuples dont je parle. On auroit de la peine à trouver dans le recoin le moins fréquenté du globe, une nation aussi stupide, aussi bornée, aussi foible d'esprit & de corps que les malheureux Californiens. Leur intelligence ne va pas au-delà de ce qu'ils voient : les idées abstraites, les raisonnemens les moins compliqués sont hors de leur portée, de manière qu'ils ne perfectionnent presque jamais leurs premières idées, encore sont-elles fausses & imparfaites. On a beau leur faire sentir les avantages qu'ils peuvent se procurer en agissant de telle ou telle façon, ou en s'abstenant de ce qui les flatte, on ne gagne rien sur eux ; ils ne peuvent comprendre le rapport qu'il y a entre les moyens & les fins ; ils ne sçavent ce que c'est que d'agir pour se procurer un bien, ni pour se garantir d'un mal dont ils sont menacés. Leur insensibilité pour les objets corporels étant telle que je viens de dire, il est aisé de concevoir quels peuvent être leurs sentimens par rapport aux châtimens & aux récompenses futures. Ils n'ont qu'une foible connoissance des vertus & des vices, de sorte que c'est sans réflexion qu'ils jugent de la bonté & de la méchanceté des choses. Quoiqu'ils jouissent de la lumière de la raison naturelle, & de cette grâce divine que Dieu accorde à tous les hommes sans distinction, cependant l'une est si foible, & l'autre si peu écoutée, que sans aucun égard pour la bienséance, ils ne se proposent d'autre but dans leurs actions que le plaisir & le profit.

Leur volonté est proportionnée à leurs facultés, & toutes leurs passions n'agissent que dans une sphère très bornée. Ils n'ont absolument point d'ambition, & ils sont infiniment plus jaloux de passer pour robustes que pour vaillans. Ils ne connoissent ni l'honneur, ni la réputation, ni les titres, ni les postes, ni les distinctions de supériorité, de manière que l'ambition, ce puissant ressort des actions humaines, qui cause tant de biens apparens, & tant de maux réels dans le monde, n'a aucun pouvoir sur eux. Ils n'ont tout au plus qu'un peu d'émulation; ils sont extremement sensibles aux éloges & aux récompenses qu'on donne à leurs camarades, c'est la seule chose qui les aiguillonne, & qui soit capable de les tirer de leur paresse naturelle. Ils sont également exempts d'avarice, cette passion destructive qui cause tant de maux chez les nations policées. Leurs desirs se bornent à vivre du jour à la journée, & ils se mettent très peu en peine du lendemain Tous leurs meubles se réduisent aux instrumens dont ils ont besoin pour la guerre, la chasse & la pêche. Enfin quelle ambition & quelle cupidité peut-on trouver chez des peuples qui n'ont ni maisons, ni champs, ni domaines en propre, chez qui tout est commun,

&

& où chaun ne connoît d'autre droit que celui de cueillir les premières les productions de la terre dont il a besoin pour son usage.

Cette disposition d'esprit les rend non seulement paresseux, indolens, inactifs & ennemis du travail, mais leur fait encore saisir avec empressement le premier objet qui se présente devant eux, pour peu qu'il leur plaise, ou que d'autres le trouvent à leur gré. Ils regardent avec indifférence les services qu'on leur rend, & n'en conservent aucune reconnoissance. Ils se mettent en colère pour le moindre sujet, & s'appaisent ailément pour peu qu'on leur tienne tête, sans exiger la moindre satisfaction de l'injure qu'on leur a faite ; car quoiqu'ils paroissent faire grand cas du courage, on peut dire qu'ils n'en ont pas la moindre idée. Leur colère ne dure qu'autant qu'ils ne trouvent point de la résistance ; la moindre chose les appaise, & lorsqu'ils commencent une fois à céder, il n'y a point de bassesse que la crainte ne leur fasse commettre. Remportent-ils quelque avantage, leur ennemi fléchit-il,

H

ils deviennent d'un orgueil insupportable. En un mot, on peut les comparer à des enfans dans qui la raison n'est point encore développée. C'est proprement une nation chez qui personne ne parvient jamais à l'âge viril. Il n'est pas jusqu'à leurs passions qui ne se ressentent de la foiblesse de leur raison. Celle qui domine le plus chez eux est l'amour des divertissemens, des plaisirs, des fêtes, du jeu, de la danse & des divertissemens nocturnes dans lesquels ils passent leurs malheureux jours. Il est vrai qu'on ne voit pas chez eux ces sortes de vices qui règnent communément chez les autres Américains. Ils ignorent entièrement l'usage des liqueurs fortes; & s'il leur arrive de s'enyvrer dans leurs fêtes, ce n'est qu'avec la fumée du tabac sauvage. Ils ne connoissent ni le vol, ni les querelles, & il règne une union & une harmonie parmi les divers membres qui composent la même chambrée. Ils ne sont méchans qu'envers leurs ennemis. L'opiniâtreté, la dureté & la cruauté ne trouvent jamais accès dans leurs cœurs, rien n'égale leur douceur & leur docilité, & de-là vient qu'on les porte aussi aisément au bien qu'au mal.

Leur gouvernement est proportionné aux limites étroites de leur capacité, n'y ayant chez eux, comme je l'ai déja observé, ni partage des terres, ni des possessions, il s'ensuit qu'il ne doit y avoir ni d'immeubles auxquels on puisse succéder, ni de droits patrimoniaux auxquels on ait droit de prétendre ; aussi ignore-t-on chez eux ce que c'est qu'usurpation. Chaque nation ou langue est composée de plusieurs chambrées plus ou moins nombreuses, selon le plus ou le moins de fertilité du sol ; & chaque chambrée d'une ou plusieurs familles que les liens du sang unissent entr'elles. La première fois que les Missionnaires arrivèrent chez eux, ni les chambrées, ni les nations n'avoient point de chef ou de supérieur auquel elles obéissent, ni dont elles reconnussent l'autorité par des hommages extérieurs, ni par aucune espece de tribut que ce pût être. Chaque famille se gouvernoit à sa fantaisie, & les enfans n'obéissoient à leurs parens, qu'autant de tems qu'ils avoient besoin de leurs secours. Les sorciers & les devins, dont j'aurai occasion de parler dans la suite, avoient à la vérité une espèce de supériorité sur eux; mais elle ne duroit qu'autant que duroient les fêtes, les maladies ou les autres incidens qui avoient excité leur crainte ou leur superstition. Il est vrai cependant que les Missionnaires trouvèrent dans ces chambrées & même chez ces nations une, deux, ou un plus grand nombre de personnes qui dirigeoient les recoltes, la peche & les expéditions militaires, dans les cas où il s'élevoit des querelles entre ces chambrées ou nations. Le sang, ni la naissance, ni l'âge, ni les suffrages, ni l'élection n'influoient en rien sur la concession de cette dignité. Elle étoit l'effet naturel du besoin où l'on étoit de consulter des personnes expérimentées dans les cas pressans où l'on se trouvoit, & il étoit naturel que l'on déférât le commandement à celui qui se distinguoit par sa bravoure, son expérience, son esprit ou son éloquence; mais cette autorité étoit limitée sous le caprice de ceux qui jugeoient à propos de s'y soumettre, sans qu'ils sçussent bien souvent en quoi elle consistoit. Ce Chef ou Cacique les conduisoit à la chasse & à la pêche ; envoyoit des messagers dans les Etats voisins, & en recevoit à son tour ; les informoit des dangers qui les menaçoient ; les excitoit à se vanger des injures réelles ou imaginaires que les autres nations ou chambrées leur avoient faites, & se mettoit à leur tête dans les guerres, les ravages & les déprédations qu'ils jugeoient à propos de commettre. Ces cas exceptés, chacun avoit la liberté d'agir comme bon lui bon sembloit.

L'habillement dans toute la péninsule, depuis le cap de Saint-Lucas, jusqu'à la dernière Mission de Saint-Ignace, étoit uniforme tous les mâles, tant les enfans que les adultes allant nuds en tout tems. Mais nonobstant cette nudité, il ne laissoit pas d'y avoir quelque diversité dans les ornemens dont chaque nation faisoit usage. Les Edues qui habitent vers le cap de Saint-Lucas, ornoient leurs têtes avec des rangs de perles qu'ils tressoient avec leurs cheveux, & qu'ils entremêloient de petites plumes, de manière qu'à les voir de loin, on eut pris cet ornement pour une vraie perruque. Ceux de Loretto portoient au tour du corps une ceinture de prix, & sur le front un roseau artistement travaillé, auquel quelques-uns ajoutoient une cravatte ornée de figures de nacre de perles, & quelquefois de petits fruits ronds comme des grains de chapelet, qui leur pendoient sur la poitrine en forme de rosaire, dont ils avoient sans doute pris l'idée la première fois que les Jesuites arrivèrent dans le pays. Ils en portoient aussi au tour des bras en guise de bracelets. Les Cochimies qui habitent vers le nord, portoient ordinairement leurs cheveux fort courts, à l'exception d'un petit nombre qui en laissoient croître quelques touffes de toute leur longueur. S'ils n'usoient point de perles comme ceux du midi, ils y suppléoient par un ornement plus riche, lequel consistoit en une espèce de diadème ou de couronne faite de plusieurs bandes de nacre de perle. Pour cela faire, ils commençoient par détacher la mere perle de la coquille, & après l'avoir polie des deux côtés, ils la fendoient avec un caillou par piéces de six à huit lignes de long, sur deux ou trois de large. Ils les perçoient à chaque extrémité, pour pouvoir leur faire prendre une figure circulaire proportionnée au contour de la tête, après quoi ils y attachoient les petites bandes de nacre, lesquelles pendoient de tous côtés. Les Edues méridionaux portoient anciennement cette espèce de diadême, avec cette différence qu'ils emploioient pour les faire des petits coquillages blancs & ronds approchant des perles, ce qui formoient un fort beau coup-d'œil. C'est-là probablement ce qui a causé l'erreur de François Drake, qui, au rapport du Père Esquerer, s'imagina que les Indiens lui avoient offert la couronne & le sceptre de la Californie.

Quoique les femmes, suivant le rapport du Père Ferdinand Conzague, allassent nues dans quelques cantons, & que cette coutume eût prévalu dans la baie de Los Angeles, entre la dernière Mission de Saint Ignace & le Rio Colorado, elles ne laissoient pas que d'ob-

ferver cette bienféance, qui eſt ſi néceſſaire pour la conſervation de leur vertu, au point qu'il n'y avoit aucune de leurs filles qui ne fût couverte. Lors de l'établiſſement de la garniſon de Loretto, elles parurent fort ſcandaliſées de voir la nudité des filles des ſoldats Eſpagnols. Celles qui obſervoient le plus de décence dans leur habillement, étoient les femmes des Edues, qui habitent dans les environs du cap de Saint-Lucas. Il croît dans ce diſtrict une eſpèce de palmier différent de celui qui porte la date. C'eſt de lui que les Indiennes tirent la matière dont elles ont beſoin pour faire leurs jupes. Elles battent ſes feuilles, comme nous faiſons le lin, pour en ſéparer le fil, & quoiqu'il ſoit moins fin que celui du lin ordinaire, il eſt du moins plus ſouple & plus doux que celui du chanvre. Leur habillement eſt compoſé de trois piéces, dont deux forment une jupe qui leur deſcend de la ceinture juſqu'aux pieds, & la troiſiéme, une eſpèce de mantelet qui leur couvre les épaules & le reſte du corps. Ces piéces ne ſont point tiſſues, mais les fils ſont attachés

chés par le haut, & tombent le long du corps en forme de franges épaisses & serrées. Il est vrai qu'elles font une espèce de toile avec ce fil de palmier, mais elles ne s'en servent que pour en faire des sacs à mettre leur utensiles. Les femmes indiennes qui habitent dans les environs du cap de Saint-Lucas, laissent croître leurs cheveux, & les portent flotans sur leurs épaules ; mais leur coifure est la même que celle des autres Californiennes. Elle consiste dans une espèce de réseau fait avec le fil de palmier dont je viens de parler, & à son défaut, de mezcal & autres plantes semblables. Ces réseaux sont si artistement faits, que les soldats de la garnison ne font point difficulté de s'en servir. Elles font aussi des colliers de nacre de perle, entremélée de petits coquillages, de morceaux de jonc, de perles & de noyaux de fruits, qui leur descendent jusqu'à la ceinture, de même que des brasselets. Ce sont-là les inventions que l'amour de la parure & le desir de plaire ont suggérées aux habitans grossiers de ce coin du monde.

Les femmes des contrées septentrionales sont habillées différemment & à moins de frais, n'étant couvertes que depuis la ceinture jusqu'aux genoux. Elles portent pardevant une espèce de jupon fait de petits brins de joncs environ de la grosseur d'un fil, qu'elles lient ensemble avec du fil de mezcal. Cette espèce de jupon, si tant est qu'on puisse lui donner ce nom, cache les parties que la pudeur défend de montrer, mais ne les garantit point des injures de l'air. Au défaut de jonc, elles se servent d'un tablier fait de fil de mezcal, mais dont la piéce de derriere est faite de peau de daim, ou de telle autre bête que leurs maris ont tuée. Il y a quelques endroits où elles se couvrent avec des mantelets de peau de loup marin, de lièvre, de renard, ou telle autre bête fauve. Une des plus grandes fêtes des Cochimies, suivant le Père François-Marie Piccolo, étoit le jour auquel ils distribuoient annuellement ces peaux à leurs femmes. Toutes les chambrées voisines se rendoient dans un endroit marqué, & y élevoient avec des buissons & des branches d'arbres un berceau spacieux, au devant duquel on pratiquoit une carrière spacieuse pour la course. Ils apportoient dans cet endroit les peaux de toutes les bêtes qu'ils avoient tuées dans le courant de l'année, & les étendoient par terre en guise de tapis. Il n'y avoit que les Caciques & les Chefs qui entrassent dans le berceau, & le festin qui consistoit en venaison, poisson & fruit, fini, ils s'enyvroient avec du cimarron ou tabac sauvage. Un magicien, vêtu de ses habits de cérémonie, se plaçoit à l'entrée du berceau, & faisoit à haute voix l'éloge des chasseurs. Cependant les autres Indiens couroient çà & là comme de vrais fanatiques sur les peaux, tandis que les femmes, qui assistoient à la cérémonie, chantoient & dansoient de toutes leurs forces. Cela continuoit jusqu'à ce que l'Orateur & les coureurs fussent hors d'haleine. Les Caciques sortoient ensuite du berceau, distribuoient aux femmes les fourrures dont elles avoient besoin pour se vêtir dans le courant de l'année, & cette distribution étoit célébrée par de nouvelles réjouissances. Cette fête étoit fondée sur ce que ces pauvres femmes ne connoissoient d'autre parure que la peau d'une bête fauve, quoiqu'elle suffit à peine pour couvrir leur nudité, autant que la modestie l'exige.

Les hommes de leur côté connoissoient si peu cette vertu, qu'ils regardoient les principes qui les obligeoient à se couvrir, comme ignominieux & deshonorans; & de-là vient que dans les différentes missions & les différens établissemens que l'on fit dans la Californie, les Indiens refusoient les vêtemens que les Religieux & les Soldats leur offroient, ou les jettoient ensuite comme inutiles. Ils avoient des habits, une idée si différente du reste des hommes, qu'au rapport du Père Jean-Marie de Salva-Tierra, lorsqu'il leur proposa de se couvrir, du moins avec la bienséance que la pudeur exige, ils regardèrent sa proposition comme un affront, ne croyant point que leur nudité eût rien d'indécent. Voyoient-ils quelqu'un de leurs camarades vêtu, ils se moquoient de lui, & éclatoient de rire, comme nous le ferions en voiant un singe en habit d'officier. Il rapporte à ce sujet une histoire assez divertissanté. Un Missionnaire nouvellement arrivé dans sa mission, habilla deux petits enfans qu'il avoit pris chez lui pour leur apprendre la langue du pays, & pour servir dans la suite de cathécumènes. Il prit lui-même la peine de faire leurs habits, de les couper & de les coudre. La première fois qu'ils sortirent, on les hua si fort, que ces pauvres enfans, honteux de se voir la risée de leurs compatriotes, quittèrent leurs habits, & les pendirent à un arbre. Mais craignant de desobliger le Père, & d'être réprimandés, ils trouvèrent l'expédient d'aller tout nuds pendant le jour lorsqu'ils alloient voir leur parens, & de reprendre leurs habits le soir, lorsqu'ils retournoient à la Mission.

Les maisons des Californiens répondent à leurs habits. Celles qui composent leurs *rancherias*, ne sont que de misérables huttes construites près des ruisseaux, qui sont fort rares dans ce pays. Ils les transportent d'un lieu à un autre, aussi souvent qu'ils sont obligés de chercher leur subsistance S'arrêtent-ils dans quelque endroit, ils se mettent sous les arbres pour se garantir de l'ardeur du soleil pendant le jour & de la froideur de la nuit, & des injures de l'air. Dans le fort de l'hiver, ils se logent dans des cavernes souterreines, qu'ils creusent eux-mêmes, ou que la nature a pratiquées dans les montagnes. Les Indiens qui habitent dans les environs du cap de Saint-Lucas, construisent avec des branches d'arbres des huttes pareilles à celles de nos bergers, ce qu'ils ont vraisemblablement appris des marins, qui sont souvent obligés de mouiller près du cap. Dans d'autres cantons, leurs maisons consistent dans un petit espace quarré entourré d'une muraille de pierres séches d'un pied & demi de hauteur, lequel n'a d'autre couverture que le firmament, de manière que nos tombeaux passeroient chez eux pour des palais. Ces maisons sont si serrées, qu'ils ne peuvent s'étendre de leur long pour dormir, & qu'ils sont obligés de s'accroupir. Il est vrai pourtant que dans leurs *Cabeceras*, quelques-uns, pour plaire aux Missionnaires, ont bâti des maisons, si l'on peut les appeller ainsi, de briques crues couvertes de jonc ;

mais peu y logent, & l'on ne peut les obliger à le faire, rien ne leur faisant plus de peine que de vivre à couvert; preuve évidente que la plus grande partie de ce qu'on appelle commodités de la vie, dépend purement du caprice, de l'exemple & de la coutume.

Il est vrai qu'ils n'ont pas besoin de grands appartemens pour mettre leurs meubles, ni les attirails d'une garde-robe qui occupe chez nous la plus grande partie de nos maisons. Les Indiens ont si peu de meubles & si peu d'utensiles, que lorsqu'ils sont obligés de déménager, ils les portent tous sur leurs épaules. Ils consistent simplement en un bateau, un dard, un plat, une tasse faite comme le fond d'un grand chapeau, un os qui leur sert d'outil pour la creuser, un petit morceau de bois pourri pour allumer du feu, un filet de pite, dans lequel ils mettent leurs fruits & leurs semences, une espèce de bourse ou de poche attachée au bout d'une espèce de fourche, qu'ils portent sur leurs épaules, dans laquelle ils mettent leurs enfans, enfin dans un arc & des flèches, à quoi ceux qui se pi-

I iv

quent d'élégance ajoutent une coquille qui leur sert de tasse. Ceux qui vivent près des côtes, ont aussi des filets pour la pêche. Voilà les meubles que portent les femmes lorsqu'elles passent d'un endroit dans un autre; les hommes ne portent que leurs arcs & leurs flèches, & ce qui en dépend, sçavoir, des cailloux & des plumes pour les flèches, & des cordes pour les arcs. Pour ne rien perdre, & en même-tems pour n'être point incommodées dans leurs marches, elles se percent les oreilles, & y pendent un gros étui, où elles mettent tout ce qu'elles portent. Les hommes portent avec eux un petit morceau de bois pour allumer du feu, de même que leurs bâteaux, mais ce sont les femmes qui ont soin de les radouber. Ces bateaux sont faits d'écorce d'arbre, & les Européens ne peuvent se lasser de les admirer, tant ils sont artistement construits. Ils s'en servent quelquefois pour y mettre de l'eau, & quelquefois pour faire rôtir leurs fruits & leurs grains; mais ils sont obligés de les remuer sans cesse, pour empêcher qu'ils ne se brûlent. Leurs tasses, leurs coupes, leurs pots, leur servent également pour boire & pour manger; il n'eſt pas même juſqu'aux bonnets des femmes qui ne leur ſervent au même uſage. Il paroît étonnant qu'ils n'ayent jamais ſongé à ſe ſervir de terre glaiſe pour fabriquer ces utenſiles, en la faiſant durcir au ſoleil ou au feu; ils ne l'ont fait qu'après qu'on le leur a appris. Ce ſont les hommes qui font les filets pour pêcher, pour cueillir le fruit, pour porter les enfans, & même ceux dont les femmes ſe ſervent. Ils ſont ſi artiſtement faits, leurs couleurs ſont ſi variées, qu'il n'eſt pas pas aiſé de les décrire. Je puis aſſurer, dit le Père Taraval, que j'ai vu quantité de filets en Europe & dans la Nouvelle Eſpagne, mais qu'il n'y en a point qui ſoient comparables à ceux des Indiens pour la blancheur, le mélange des couleurs, la force & le travail, & la quantité de figures qu'ils repréſentent. Ils en ſont redevables à leurs femmes. Ce ſont elles qui filent le fil qu'elles tirent des plantes, parmi lequel il y en a d'une eſpèce plus groſſière, que les palmiers & les mezcales leur fourniſſent. Elles emploient le plus fin pour faire des réſeaux pour la tête, & elles le mêlent pour tous les autres, de même que pour les ceintures ou filets dont se sert la nation de Loretto.

Les Edues ou Pericues méridionaux admettoient la pluralité des femmes. C'étoient elles qui pourvoyoient à la subsistance de la famille, & qui avoient soin d'apporter à leurs maris le plus de fruit qu'elles pouvoient pour les tenir en bonne humeur, & se les affectionner; car s'il arrivoit qu'ils en renvoyassent quelqu'une, personne ne vouloit s'en charger; de manière que plus un homme avoit de femmes, plus il étoit sûr d'être bien soigné, & c'est vraisemblablement ce qui a contribué à perpétuer cette coutume brutale. La nation de Loretto étoit plus modérée; leurs chefs n'avoient jamais plus de deux femmes; les autres se bornoient à une. L'adultère passoit chez eux pour un crime irrémissible, excepté dans deux occasions; sçavoir, dans leurs fêtes & dans leurs luttes, où le vainqueur avoit la permission de jouir de la femme de son antagoniste. Les Cochimies du nord n'ont jamais connu ces excès; & un Missionnaire, parlant de ce district, dit, que nonobſtant la liberté, effrénée de ces Indiens, on ne connoît chez eux ni débauche, ni adultère, ce qu'il attribue à la vie miſérable qu'ils mènent dans les montagnes, & à la privation où ils ſont des commodités de la vie. La manière dont ſe négocioient les mariages chez la nation de Loretto, étoit de préſenter à la fille qu'on recherchoit une cruche appellée dans le langage du pays *olo*, faite de fil de mezcale ; & ſi elle l'acceptoit, c'étoit une marque qu'elle conſentoit à épouſer celui qui lui faiſoit ce préſent. Elle lui en faiſoit un à ſon tour d'une coife de réſeau, & ces préſens réciproques confirmoient le mariage. Chez les autres nations, on le concluoit à la fin d'un bal, auquel l'amant invitoit toute ſa parenté ; mais malgré la ſolemnité de ce contrat, le moindre prétexte ſuffiſoit pour l'annuller, même chez les nations parmi leſquelles la polygamie étoit défendue. C'étoit la coutume chez les Californiens, de même que chez les habitans du Bréſil, que les femmes auſſitôt après avoir accouché, fuſſent ſe baigner avec leurs enfans dans le premier ruisseau, allassent chercher du bois & du fruit dans les forêts, & fissent toutes les autres fonctions du ménage, tandis que le mari restoit étendu de son long dans sa cahutte, ou au pied d'un arbre, feignant d'être malade, & cette farce continuoit pendant trois ou quatre jours. Il arrivoit souvent que les mères, qui n'avoient pas le moyen de nourrir leurs enfans, les détruisoient; & ce fut pour faire cesser cette coutume barbare, que le Père Salva-Tierra ordonna qu'on donneroit double pitance aux nouvelles accouchées. C'étoit aussi une coutume établie parmi eux, de même que parmi les Juifs, que la veuve épousât le frère, ou le plus proche parent de son mari.

La récolte du Pitahaya est chez eux ce qu'est chez nous la vendange, & ils la célèbrent avec les mêmes réjouissances. Le Père Salva-Tierra dit, que pendant les trois mois qu'elle dure, les Indiens sont aussi fous que les Européens pendant leur carnaval. Ils perdent le peu de raison qu'ils ont, & se livrent entièrement à la bonne chère, à la danse, s'invitant réciproquement, & représentant des farces & des comédies qui durent toute la nuit, & qui, toutes mauvaises qu'elles sont, ne laissent pas de divertir extrêmement les spectateurs. On choisit les acteurs selon leurs talens, & ils s'acquittent admirablement bien de leurs rôles. Leurs danses, à ce que dit ce Religieux, sont très-variées, & ils les exécutent avec autant d'agilité que de grâce. Nous célébrons la fête de la Noël avec autant de joie que de dévotion, en présence de plusieurs centaines de cathécumènes, & de plus de cent enfans qui exécutent leurs danses. Elles diffèrent de celles des autres nations qui habitent l'autre côte, étant composées de plus de trente personnes qui représentent quelque partie essentielle de leur discipline militaire, de leur pêche, de leurs voyages, de leur sépulture, de leur chasse, de leur mariage, &c. Un enfant de trois ou quatre ans est aussi flaté d'avoir bien joué son rôle, que pourroit l'être un jeune homme formé ; ce qui est une particularité que nous n'avons pu nous empêcher d'admirer.

Comme l'exercice perfectionne pour

l'ordinaire les talens naturels, ils n'eſt pas étonnant que les Indiens excellent dans la danſe, vu qu'elle fait leur unique occupation en tems de paix. Ils danſent à leurs noces, après une bonne pêche, ou une bonne chaſſe, lorſqu'il leur naît un enfant, lorſqu'ils ont une recolte abondante, lorſqu'ils remportent quelque victoire ſur leurs ennemis, & dans telle autre occaſion ſemblable, ſans examiner ſi elle en vaut la peine ou non. Ils s'invitent réciproquement à ces fêtes, ils s'envoient même ſouvent des cartels, dans leſquels ils ſe défient à la lutte, au ſaut, à la courſe, à tirer de l'arc, à faire eſſai de leurs forces, & ces ſortes de divertiſſemens durent ſouvent des jours, des nuits, des ſemaines & des mois entiers en tems de paix. Mais ces ſortes de fêtes ſont ſouvent troublées par des guerres, des ſéditions, & des inimitiés qui s'élèvent parmi les nations & les *Rancherias*. Leur but dans ces ſortes d'émotions, n'eſt point d'acquérir de la réputation, ni d'étendre leurs limites, mais de ſe vanger des injures & des affronts qu'on leur a faits. Elles naiſſent auſſi quelquefois de causes plus essentielles, comme lorsqu'une *Rancheria* ou une nation va pêcher, chasser, ou cueillir du fruit dans un endroit dont la prescription leur a assuré la jouissance. Leur vengeance se borne à commettre les mêmes hostilités, à causer le même dommage à l'aggresseur, où à son défaut à ses parens & à ses amis. La cause devient alors commune, & dans le cas où ils ne se sentent pas assez forts pour livrer bataille à leurs ennemis, ils s'adressent à d'autres *Rancherias*, avec lesquelles ils sont unis d'amitié. Ils déclarent la guerre avec grand bruit, ordonnant à tout le monde de se pourvoir de quantité de roseaux & de cailloux; ils font même ensorte que cette déclaration parviennent aux oreilles de leurs ennemis, dans la vue de les effrayer & de les vaincre plus aisément. Ils vont au combat en poussant un grand cri, & se mêlent sans observer aucune discipline, se contentant de renforcer la première ligne, lorsque ceux qui la composent viennent à plier, ou par lassitude ou faute d'armes. Leurs flèches sont faites de roseaux armés de cailloux ; mais elles ne sont point empoisonnées, ce que j'attribue bien moins à leur générosité qu'au défaut de poison, le pays ne produisant aucune herbe vénimeuse. Dans le fort de la mêlée, ils se servent d'épées de bois dont la pointe est durcie au feu, & qui ne sont pas de moins grande exécution que les nôtres. S'ils viennent à remporter la victoire, ils en sont moins redevables à leur bonne conduite, à leur courage & à leur adresse, qu'au soin qu'ils ont de vaincre leur timidité naturelle, & d'abbattre le courage de leur ennemi. C'est ainsi que leurs querelles particulières dégénèrent en des guerres générales qui font périr quantité de personnes des deux partis, & qui ont détruit plusieurs *Rancherias* dans les contrées méridionales. Celles de Loretto & du nord ne sont point à l'abri de ces troubles, mais elles ne portent jamais leur vengeance à cet excès, surtout les dernières qui ont généralement plus d'esprit & de sentimens. Elles sont aussi plus douces & plus sociables, moins opiniâtres & moins vindicatives que le reste de leurs compatriotes.

SECTION VII.

SECTION VII.
De la Religion des anciens Californiens.

IL n'y a point de sujet plus intéressant, & qui demande à être traité avec plus d'attention & d'exactitude, que celui de la religion des anciens Californiens. On peut voir l'usage que l'on peut faire de ces sortes recherches dans le sçavant Traité de la Démonstration évangélique de M. Huet, dans lequel il rapporte avec une érudition étonnante les différentes sectes anciennes & modernes qui ont eu cours chez toutes les nations du monde, pour rehausser par leur obscurité, l'éclat de la Religion chrétienne. J'ajouterai encore qu'un portrait exact & fidèle des ténèbres dans lesquelles ces Indiens sont plongés, servira d'autant mieux à faire sentir la grandeur de la bonté divine, laquelle paroît dans le soin qu'elle a eu de les attirer dans le giron de l'Eglise, & de les conduire dans la voie du salut, en les tirant de l'ignorance où ils étoient de la religion, laquelle étoit accompagnée de quantité de maux temporels. Le lecteur sera encore par là en état de comparer ces relations avec celles qu'on a déja données des religions & des sectes, non seulement des Mexicains, des Péruviens, & des autres peuples de l'Amérique, mais encore de la plupart des nations Asiatiques, telles que les Japonois, les Chinois, les Tartares, les Coréens, les Manchées, les habitans de Kamschatka & de Jacukt. C'est-là cependant un sujet sur lequel on ne peut se promettre de satisfaire entièrement le lecteur, & qui, quelque attention qu'on y donne, restera toujours exposé à quantité de doutes & d'incertitudes.

Toutes les relations conviennent qu'on n'a trouvé jusqu'ici aucune trace d'idolâtrie chez les Californiens. Ils ne rendoient aucun hommage aux créatures, ils n'avoient aucune idole, ni aucune image de fausses divinités qui fussent les objets de leur culte. Ils ne connoissoient rien de pareil, ni fêtes, ni prières, ni vœux, ni expiations, ils ne s'adressoient ni en public ni en particulier à la Divinité, dont ils n'avoient aucune idée; en un mot, ils ne différoient en rien à cet égard des Indiens qui habitent la côte opposée de Cinaloa, chez qui, au rapport du Père Rivas, on ne trouvoit aucun culte, ni la moindre trace de religion. On leur attribue cependant certains dogmes, qui ont de quoi surprendre le lecteur. Ils avoient non seulement une idée de l'unité & de la nature de Dieu, en tant que pur esprit, comme aussi des êtres spirituels, mais encore quelques foibles lueurs de la Trinité, de la génération éternelle du Verbe, & quantité d'autres articles de la Religion Chrétienne, mêlés de quantité d'absurdités. Ils avoient là-dessus des idées si claires, que quelques Missionnaires n'ont pu s'empêcher de croire qu'ils étoient originairement descendus de quelque peuple Chrétien. Il est vrai que toutes ces nations ne s'accordoient point unanimement sur ces articles; & pour que le lecteur puisse s'en former une idée nette, je vais rapporter ici à la lettre quelques fragmens des relations que j'ai en main.

K ij

Voici ce qu'un Missionnaire dit de la religion des Edues ou Péricues méridionaux. Il y a, disent-ils, dans le ciel un Maître extrêmement puissant, appellé *Niparaya*, qui a créé le ciel & la terre, qui pourvoit à la subsistance de toutes les créatures, qui a créé les arbres & tout ce que nous voyons, & qui fait tout ce que bon lui semble. Nous ne pouvons le voir, parce qu'il n'a point un corps semblable au nôtre. Ce *Niparaya* a une femme appellée *Anayicoyondi*, & quoiqu'il n'en use point, parce qu'il n'est point corporel, il n'a pas laissé que d'en avoir trois fils. L'un s'appelle *Quaayayp*, c'est-à-dire, homme ; & *Anaycoyondi* en accoucha dans les montagnes d'*Acaragui*, ou, selon d'autres, sur certaines montagnes rouges qui se trouvent sur la route de San-Jago de Los Coras, qu'ils appellent *Cunimniici*. *Quaayayp* établit sa demeure avec les Indiens méridionaux, à dessein de les instruire. Il étoit très-puissant, & avoit grand nombre de gens à sa suite, qu'il amena avec lui sur la terre. A la fin les Indiens le tuèrent par animosité, & lui mirent une couronne d'épine sur la tête. Il est mort jusqu'aujourd'hui, mais il conserve toute sa beauté, la corruption n'ayant point eu de prise sur lui. Il rend continuellement du sang, il ne parle point; parce qu'il est mort, mais il a une chouette qui lui parle. Ils disent encore que le ciel est infiniment plus peuplé que la terre, & qu'il y eut autrefois de grandes guerres parmi les hommes qui l'habitent. Qu'une personne très-puissante, que quelques Sçavans appellent *Wac*, & d'autres *Tuparan*, se révolta contre *Niparaya*, & osa lui livrer bataille à la tête du parti qu'il avoit formé; mais qu'ayant été totalement défait, *Niparaya* dépouilla *Wac* ou *Tuparan* de toute sa puissance, lui ota ses Pytahayas & ses autres provisions, le chassa du ciel, & le confina avec ses adhérens dans une grande caverne souterreine, qu'il donna en garde aux baleines, pour les empêcher de sortir. Ils ajoutent que *Niparaya* n'aime pas que les hommes se battent, & que ceux qui meurent d'un coup de flèche ou d'épée, ne vont point au ciel. Qu'au contraire *Wac-Tuparan* aime à voir tous les hommes en guerre les uns contre les autres ; parce que tous ceux qui sont tués dans la bataille, vont dans sa caverne. Il y a deux partis chez les Indiens. Ceux qui suivent *Niparaya* sont sensés, prudens, dociles, faciles à convaincre, & écoutent volontiers les vérités chrétiennes, lorsqu'on leur fait voir le rapport qu'elles ont avec leurs dogmes. Il n'en est pas de même des sectateurs de *Wac-Tuparan*. Ce sont des gens méchans, adonnés à la magie, dont le nombre malheureusement n'est que trop grand. Ils ont plusieurs opinions particulières & tout-à-fait absurdes ; entr'autres, que les étoiles sont des morceaux de métal enflammé, que la lune a été créée par *Cucunumic*, les étoiles par *Purutabui*, &c. Tels sont les dogmes des *Edues* & des *Péricues*. A l'égard de ceux de la nation de Loretto, qui est un assemblage de Laymones, de Monquies, de Vehities & de Guacures, qui vivent, comme j'ai dit, dans le milieu de la Californie, les voici tels qu'ils sont rapportés dans le fragment suivant. Ils n'ont dans leur langue aucun mot pour signifier le ciel, & ils le distin-

DE LA CALIFORNIE. 119

guent par le nom nom général *Notu*, qui signifie haut, élevé. Ils disent que le Chef des esprits qu'ils appellent *Gumongo*, fait sa demeure dans la partie septentrionale du ciel, d'où il envoie aux hommes la peste & les maladies. Que dans les premiers tems, il envoia sur la terre un autre esprit, qu'ils appellent *Guyiaguai*, lequel ne fut pas plutôt arrivé qu'ils commença à semer des pitahayas, (c'est le fruit dont on fait le plus d'usage dans la Californie) qu'il fit des criques le long de la côte du golfe, & qu'étant arrivé à une grosse pierre qui se trouve dans celle qui est auprès de Loretto, appellée par les Espagnols Puerto-Escondido, il s'y arrêta quelque tems. Que les autres esprits inférieurs qui lui étoient soumis, lui apportoient à manger des pitahayas, & des poissons qu'ils prenoient dans la crique. Que *Guyiaguai* s'occupoit à faire des habits pour ses prêtres, qu'ils appellent dans leur langue *Dicuinochos*, des cuirs qu'ils lui offroient. Qu'au bout de quelque tems, *Guyiaguai* continua sa visite, semant des pitahayas, & faisant des criques le long de la côte

de Loretto, & que pour en conserver la mémoire, il laissa une table pein-
te, dont les *Dicuinochos* ou prêtres se
servoient dans leurs festins. Ils ajoutent
que le soleil, la lune & les étoiles du
matin & du soir, sont des hommes &
des femmes qui se plongent tous les
soirs dans l'océan occidental, & qui re-
paroissent tous les matins du côté de
l'orient, après l'avoir traversé à la nage : que les autres étoiles sont des lumières produites dans le ciel par cet esprit visiteur, & ceux qui l'accompa-
gnent ; & que quoiqu'elles s'éteigent en
traversant la mer, il revient les allumer
du côté de l'orient. Il seroit ennuyeux
d'entrer dans un plus long détail de ces
absurdités, dont des Prêtres stupides
ou mal intentionnés ont imbu ce malheureux peuple.

La nation des Cochimies est non-
seulement la plus nombreuse & la plus
étendue, mais encore la plus spirituelle, la moins brutale & la moins extra-
vagante dans ses dogmes. Les peuples
qui la composent sont extrêmement civils & exacts observateurs de leur parole. Ils croient, dit un Missionnaire,

qu'il

qu'il y a dans le ciel un Dieu, dont le nom dans leur langue signifie, *celui qui est vivant*; qui sans être marié, a eu un fils auquel ils donnent deux noms, dont l'un signifie la fin ou la *perfection de la terre*, & l'autre, *le léger*. Il y en a, disent-ils, un autre dont le nom est, *celui qui fait les dieux*; & quoiqu'ils donnent ce nom à tous les trois, cependant lorsqu'on leur demande combien il y a de Dieux, ils répondent qu'il n'y en a qu'un, qui a créé le ciel & la terre, les animaux, les arbres, les fruits, de même que l'homme & la femme. Ils ont aussi quelque notion des mauvais esprits, & ils disent que le grand Dieu, sçavoir, celui qui est vivant, créa certains êtres invisibles, lesquels se révoltèrent contre lui, & qui sont ses ennemis, aussi bien que ceux des hommes; ils leur donnent les noms de menteurs, de fourbes & de séducteurs. Ils ajoutent que lorsque les hommes meurent, ces esprits ont soin de les enterrer, pour qu'ils ne voient point le Dieu vivant. Ce sont-là, entr'autres, les dogmes des Cochimies, que je voudrois pouvoir rapporter au long, per-

Tome I. L

suadé que je suis que les Indiens convertis ne prétendent point en imposer aux Missionnaires, lorsqu'ils leur disent qu'avant leur conversion, ils avoient à peu près les mêmes opinions qu'on vient de voir. Je voudrois aussi pouvoir rapporter les mêmes mots dont ils se servent & dans leur vraie signification, afin qu'on pût juger s'il est contre la vraisemblance que la tempête ou tel autre accident ait jetté sur les côtes de la Californie, quelques Européens ou habitans des Philippines, dont il ne reste plus aucun souvenir chez les Indiens, lesquels se trouvant parmi des barbares, ayent taché de les instruire des mystères de la Religion Chrétienne, qu'ils ont défiguré par succession de tems, jusqu'à l'arrivée des Missionnaires. Il y a plus de deux cens ans que les Européens connoissent les côtes de la Californie; les habitans du Mexique ont passé de la côte occidentale de la Nouvelle-Espagne dans son golfe pour y pêcher des perles; & d'autres se sont rendus sur le côte occidentale par la mer du Sud. Il peut donc se faire que plusieurs accidens, tel que la crainte du châtiment, un renversement de fortune, ayent obligé quelques-uns d'entr'eux à s'établir chez les Indiens. On sçait que quelques vaisseaux ont laissé des mulâtres & des Métis au cap Saint-Lucas. Le Père Jean de Torquemada rapporte que les Californiens ne témoignèrent aucune surprise, lorsqu'ils virent des Nègres, vu qu'il y en avoit chez eux, qui descendoient de ceux qu'un vaisseau des Philippines y avoit laissé. Il rapporte encore l'aventure du Pilote Morera, lequel ayant été laissé à terre près du cap Mendozino, par François Drake, arriva quelques années après chez la garnison de Sombrerète. Les anciennes relations sont remplies de pareils faits ; & pas plus loin qu'en 1741, les Russes furent obligés de laisser sur la même côte de l'Amérique, & dans un endroit plus éloigné, une partie de l'équipage d'un vaisseau qu'ils avoient envoyé à la découverte.*

Tout cela donne lieu de croire que quelques Européens, à qui le même

---

* Voy. Part. IV, Append. 7. de cet Ouvrage.

malheur étoit arrivé, n'ont pas été assez heureux que d'arriver dans un lieu habité par des Européens ; & qu'après avoir longtems erré sur la côte parmi ces peuples barbares, ils ont été contraints de passer le reste de leurs jours avec eux. En effet, quelle autorité n'a pas un Européen un peu éclairé, parmi des peuples aussi stupides ! mais en attendant que je puisse produire des faits suffisans pour éclaircir ces points, je vais passer à d'autres matières moins douteuses & moins incertaines.

Leurs Edues ou Prêtres étoient tels qu'on pouvoit l'attendre de cette ombre ou imitation de religion. Ces Edues s'appelloient du nom de leurs deux sectes, *Tuparan* & *Niparaya*: ceux de Loretto les appelloient *Dicuinochos*, & les Cochimies, *Vamas* ou *Guasmas*. On les appelle souvent dans les relations *magiciens* ou *sorciers*, & c'est aussi par ces noms que je les distinguerai dans la suite. On ne doit cependant pas croire que ces pauvres gens eussent aucun commerce avec les esprits apostats, ni qu'ils reçussent d'eux aucune instruction, quoiqu'ils le prétendissent,

DE LA CALIFORNIE. 125
& qu'ils vinssent à bout de le persuader, non seulement aux Indiens, mais encore aux Européens. Personne n'ignore la sotte crédulité que les Européens ont eue autrefois pour les oracles du paganisme. Les Missionnaires les plus clairvoians assurent, d'après des preuves claires & convaincantes, que c'étoient des imposteurs & des fourbes, qui prétendoient avoir commerce avec ces esprits, dont on a vu que les Californiens croyoient l'existence, ou même avec le démon, pour se faire respecter du simple peuple, emploiant pour cet effet quantité de gestes, de cérémonies & de rites mystérieux. L'intérêt seul les guidoit, les Indiens s'imaginant qu'il suffiroit pour réussir dans leurs entreprises, ou pour éviter les malheurs dont ils étoient menacés, de leur donner les prémices de leurs fruits, de même que l'élite du poisson & du gibier qu'ils prenoient à la pêche ou à la chasse. C'étoit-là un principe que les magiciens avoient soin de leur inculquer, les menaçant de maladies, de malheurs, de famine, au cas qu'ils y manquassent, & leur promettant au

L iij

contraire toute sorte d'affluence & de prospérité, s'ils étoient assez simples pour leur donner ce qu'ils demandoient. Car ils se vantoient d'avoir le sçavoir & la puissance nécessaires pour accomplir leurs promesses, au moyen de l'amitié & du commerce qu'ils entretenoient avec les esprits invisibles. Ce qui augmentoit encore leur autorité, étoit qu'ils étoient les seuls Médecins dont ils pussent espérer du soulagement dans leurs maladies & leurs infirmités; & quels que fussent leurs remèdes, ils les administroient toujours avec beaucoup d'ostentation & de cérémonie. En voici un entr'autres, dont l'effet fortuit contribuoit beaucoup à augmenter la réputation du Médecin. Ils appliquoient sur la partie malade le *chacuaco*, ou un tube fait d'une pierre noire & fort dure, auquel ils appliquoient la bouche, suçant, ou soufflant dedans le plus fort qu'ils pouvoient pour attirer la maladie au dehors & la dissiper. Ils remplissoient quelquefois ce tube de *cimarron* ou de tabac sauvage allumé, selon l'exigence des cas, & souvent ils guérissoient à l'aide de ce cauſtique, ſans qu'il fût beſoin d'employer d'autre remède. Ces Magiciens uſoient encore de diverſes ſupercheries, & s'arrogeoient un pouvoir illimité, & il ne leur étoit pas difficile d'en impoſer à un peuple, dont la timidité & la ſuperſtition alloient de pair avec ſa ſtupidité & ſon ignorance.

Les Indiens de la nation de Loretto avoient des écoles & des Profeſſeurs publics qui inſtruiſoient la jeuneſſe des opinions dont je viens de parler, & d'autres puérilités ſemblables, qu'il leur recommandoient comme des vérités de la dernière importance. Ils les menoient dans des cavernes & autres lieux & ſolitaires éloignés des forêts, où ils leur montroient à former certaines figures ſur des tablettes; & lorſqu'ils ſçavoient les faire, ils leur en montroient d'autres plus compoſées, à l'imitation de ce qu'on pratique dans nos écoles d'écriture. On fut pluſieurs années à découvrir ce ſecret; mais le P. Jean-Marie de Salva-Tierra s'étant apperçu que tous les enfans de la garniſon de Loretto diſparoiſſoient vers le tems de la récolte des pitahayas, il en

L iv

engagea un à le lui révéler, non fans ufer d'artifice; car malgré la ftupidité dans laquelle on les élève, ils fçavent parfaitement l'art de diffimuler, & il n'eft pas aifé de leur faire dire ce qu'ils ont réfolu de taire.

Mais l'autorité des Prêtres Californiens ne fe manifefte dans aucune occafion avec plus d'éclat, que dans les fêtes publiques que célébroit la nation entière, ou une feule *rancheria*, ou une famille particulière. Ils n'ont aucun facrifice, ni aucune autre cérémonie par où l'on puiffe juger qu'ils adorent les divinités, ou ces efprits dons ils ont une idée confufe; tout fe réduit chez eux à manger, boire, danfer, caufer & rire. Cependant la préfence de leurs prêtres fanctifie ces fêtes, & les leur fait regarder comme des folemnités religieufes; en effet ils y jouent le principal rôle, fe revêtant de leur habit de cérémonie, dont ils ne fe fervent que dans des occafions extraordinaires. Cet habit confifte dans une longue tunique, qui les couvre depuis la tête jufqu'aux pieds, & qui eft entièrement faite de cheveux d'homme. Ils ont sur la tête un panache de plumes de faucon, & portent à la main un grand éventail fait des plus grosses plumes. Au défaut de ces plumes, les Edues méridionaux ornent, ou plutôt défigurent leur tête avec des queues de bêtes fauves, auxquelles les Cochimies ajoutent deux nerfs de la jambe de ces mêmes animaux, dont l'un leur sert de collier, & l'autre de ceinture. Pour rendre cet habillement encore plus ridicule, ils se peignent le corps de rouge, de noir & autres couleurs semblables, par où le lecteur peut aisément juger de leur figure. Ces Prêtres ouvrent la fête par fumer le *chacuaco*, ce qu'ils continuent de faire jusqu'à ce que la fumée du tabac les ait enivrés, & rendus furieux. Dans cet état, ils se mettent à prêcher sur leurs dogmes, & cela avec des gestes & un ton de voix qui inspirent la terreur. Ils se disent inspirés par les esprits que la nation reconnoît, & lui annoncent en leur nom tout ce que le caprice ou l'intérêt leur suggère. Pour donner plus de poids à leur mission, ils prétendent tantôt être ces mêmes esprits auxquels ils croient, tantôt avoir été dans le ciel pour converser avec eux, & pour prouver ce qu'ils avancent, ils montrent la chair d'une bête fauve, un morceau de peau, ou une plante avec laquelle ils disent pouvoir faire mourir qui bon luer semble. Ils portent ordinairement avec eux certaines petites tablettes de bois de Mesquite, ou d'un autre bois dur appellé ongle de chat (*Uña de Gato*), parfaitement bien ouvrées, sur lesquelles sont peintes plusieurs figures grotesques, qu'ils assurent avoir été copiées d'après celles que l'Esprit visiteur leur a laissées en s'en retournant au ciel; lesquelles sont les mêmes que les Professeurs de Loretto enseignoient aux enfans à tracer dans leurs écoles. Pendant que ces fanatiques prêchent, les autres se livrent à la danse & à la bonne chère, & après s'être bien repus & s'être bien échauffés à danser, les hommes & les femmes se mêlent ensemble, & satisfont leurs appétits brutaux, sans égard pour la raison, la pudeur, ni la modestie.

Ces sortes de fêtes n'étoient point d'obligation, & ils les célébroient souvent sans aucun motif. Il n'en étoit pas de même de celles qu'ils célébroient dans le tems de la récolte des pitahayas, après une victoire, lors de la distribution du poisson & des peaux de bêtes fauves. Ces dernières étoient d'une nécessité indispensable, aussi ne négligeoient-ils rien pour les rendre plus solemnelles. Mais la plus célèbre de toutes leurs fêtes étoit celle qu'ils célébroient, lorsqu'ils perçoient le nez & les oreilles à leurs enfans. Les hommes & les femmes s'y rendoient de toutes parts, les deux sexes étant dans l'usage de porter des pendans de perles à leurs nez & à leurs oreilles. Comme cette opération ne pouvoit se faire sans que les enfans criassent, les parens, pour étouffer la sympathie que leurs cris excitoient en eux, avoient soin de crier encore plus fort qu'eux. Leurs Prêtres ou leurs imposteurs ne manquoient pas dans cette occasion de se prévaloir de l'autorité qu'ils avoient sur ces pauvres Indiens, louant le courage & la bravoure des uns, taxant les autres de poltrons & de lâches, selon que le leur dictoient leurs passions particulières, leur enjoignant même certaines pénitences dont la plus ordinaire étoit le jeûne & l'abstinence, leur ordonnant de ne point manger pendant un certain tems de tel ou tel fruit, poisson ou gibier. Quelquefois la sentence s'étendoit sur une *rancheria* entière, & alors il falloit qu'ils jeûnassent alternativement, ou que chacun s'abstînt de certains mets particuliers, de manière que le jeûne devenoit général. Ce n'étoit pas-là le seul châtiment qu'il leur infligeoient. Ils leur ordonnoient encore de pratiquer des chemins sur les plus hautes montagnes, pour que l'esprit visiteur descendit plus à son aise, comme aussi de former des tas de pierres de distance en distance, pour qu'il pût se reposer. Mais ce qu'on ne peut lire sans horreur, est que ces imposteurs inhumains leur ordonnoient quelquefois de se jetter dans des précipices; & quoiqu'ils ne pussent le faire sans se mettre en pièces, tel étoit cependant l'aveuglement de ces pauvres créatures, que leurs ordres étoient presque toujours exécutés, ou de gré ou de force. Indépendamment de ce que je viens de dire, il n'y avoit rien que ces Magiciens ne missent à contribution, au moyen de deux sortes de tributs ; & on les payoit avec la plus exacte ponctualité : il levoient le premier sur l'élite de leurs fruits, de leur chasse & de leur pêche. Le second, sur leurs cheveux, dont ils faisoient leurs habits de cérémonie, qu'ils commettoient en garde à un particulier, qui les enfermoit dans un lieu à part. Les enfans payoient ce tribut, en reconnoissance de l'instruction qu'ils leur donnoient ; les adultes qui avoient été malades, & qui guérissoient, pour les dédommager des soins qu'ils avoient d'eux, & lorsqu'ils venoient de mourir, pour les engager à ne point les oublier ; car les prêtres n'abandonnent jamais les Californiens; au contraire ils redoublent alors leurs soins, & les étendent même sur toute la rancheria ; mais lorsque la maladie empire au point que les herbes, les sucs, le *chicuaco*, & la *cimarron* ou tabac sauvage ne produisent plus aucun effet, ils assemblent tous les parens du malade, pour lui rendre la mort plus amère, & la lui faire savourer à longtrait. En premier lieu, si le malade a une fille ou une sœur, elles lui coupent le petit doigt de la main droite, se persuadant que le sang qu'il répand sauve le malade, ou du moins dissipe le chagrin que la famille auroit de sa mort, quoique dans le fond, cette opération ne serve qu'à l'augmenter. Viennent ensuite les visites de tous ceux qui composent la *rancheria*, lesquels, après lui avoir parlé, & voyant qu'il n'y a plus rien à espérer, poussent des hurlemens affreux, se couvrant le visage de leurs mains, ou de leurs cheveux, & se partageant par bandes, réitèrent cette cérémonie à plusieurs reprises, & cela en présence du mourant. Les femmes augmentent la confusion par les cris passionnés & les exclamations qu'elles jettent, exaltant le mérite & les bonnes qualités du malade, pour émouvoir la compassion des assistans. Ces hurlemens finis, le malade prie la compagnie de le sucer & de le souffler de la même manière que l'ont fait les Médecins, & chacun s'empresse de lui rendre ce dernier office, soufflant d'abord fur la partie affectée, & enfuite fur tous les organes des fens, le plus fortement qu'il peut, le malade jugeant de fon affection par la force qu'il emploie, ou par les cris qu'il jette. Cependant les Médecins fourrent leurs mains dans la bouche du malade, pour lui arracher, difent-ils, la mort par force ; les femmes continuent de crier, & lui donnent quantité de coups pour le réveiller., tant qu'enfin le malade expire. Il n'eft par plutôt mort, qu'on fe difpofe à l'enterrer ou à le bruler (c'eft pour eux la même chofe) dans un lieu convenable, Ils procédent auffitôt à fes funérailles fans difcontinuer de crier, & elles n'ont rien de particulier, finon qu'ils enterrent ou brûlent avec lui tous les utenfiles qui ont été à fon ufage, Ils fe mettent fi peu en peine de s'affurer s'il eft mort ou non, que le Père Salva-Tierra étant un jour auprès de Saint-Juan de Londo, & y entendant leurs lamentations & voiant le feu, accourut fur la place, au moment même qu'ils venoient de jetter dans le feu un homme qui donnoit encore des fignes de vie. Il le retira sur le champ, & le guérit au bout de quelque tems, leur reprochant leur barbarie & leur inconsidération.

Voilà en peu de mots quelle étoit la religion des anciens Californiens. Elle étoit un peu différente dans les îles que forme le canal de Sainte-Barbe sur la côte occidentale, laquelle fut découverte par le Général Viscaino, de même que dans d'autres plus petites qui sont dans le voisinage, où le Père Taraval se rendit en 1738, & qu'il appella les Iles-des-Douleurs (*de Los Dolores*). Voici ce que l'Auteur en dit. Le Père Torquemada, parlant de l'île de Sainte-Catherine, rapporte ce qui suit. Il y a dans cette île plusieurs *rancherias* ou communautés, parmi lesquelles est un temple avec une grande cour de niveau, où ils font leurs sacrifices. Dans une autre où est l'autel, on trouve une grande enceinte circulaire, fermée d'une clôture faite de plumes de différens oiseaux, que je jugeai être celles de ceux qu'ils sacrifioient. Il y avoit au milieu une idole barbouillée de différentes couleurs,

leurs, laquelle repréfentoit quelque démon, felon la coutume des Indiens de la Nouvelle-Efpagne, & qui tenoit dans fa main la figure du foleil & de la lune. Les foldats trouvèrent dans cette enceinte deux corbeaux plus gros qu'à l'ordinaire, lefquels s'enfuirent à leur afpect, & furent fe percher fur des rochers qui font dans le voifinage. Ils les tuèrent à coups de fufil, ce qui chagrina beaucoup l'Indien qui leur fervoit de guide. J'appris qu'ils croyoient que le démon leur parloit par l'entremife de ces corbeaux, & que c'étoit la raifon pour laquelle ils avoient tant de vénération pour eux. Quelque tems après, un Religieux qui alloit dans ce canton, vit fur la côte quelques femmes Indiennes qui lavoient du poiffon pour l'apprêter enfuite pour leurs familles, & qui fe le laiffoient enlever par les corbeaux, fans ofer dire une feule parole, ni les chaffer ! Les Californiens ne pouvoient voir fans horreur que les Efpagnols tuaffent ces oifeaux refpectables. Le Père Taraval, dans la relation manufcrite du voyage & des découvertes qu'il fit en

M

1732, dit de l'île de la Trinité, que son Gouverneur étoit Prêtre, c'est-à-dire, sorcier ou magicien, & avoit sous lui plusieurs prêtres qui lui étoient subordonnés ; de sorte que chaque Communauté avoit son Officier civil & spirituel. Leur coîfure étoit si grotesque, qu'on ne pouvoit la voir sans pitié & sans rire. Voici quel étoit leur décalogue. Qu'ils ne mangeroient rien de leur première chasse, ni de leur première pêche, sous peine d'être déclarés incapables de pêcher & de chasser dorénavant. 2. Qu'ils ne mangeroient point de certains poissons, 3. Non plus que certaines parties de gibier qui étoient les meilleures & les plus grasses, disant que cette graisse étoit celle des vieillards décédés, & que ceux qui la mangeoient, vieillissoient en peu de tems. Par ce moyen, les meilleurs morceaux étoient pour les Magiciens, lesquels étant la plûpart fort vieux, n'avoient rien à craindre sur cet article. 4. Qu'ils ne cueilleroient point certains fruits, & ne pêcheroient point certains poissons (c'étoient les meilleurs) de crainte qu'ils ne nuisissent à leur santé ; mais les vieillards pouvoient en manger impunément. 5. Que s'ils prenoient quelque cerf ou quelque poisson d'une grosseur extraordinaire, ils ne le mangeroient point, & en feroient présent aux magiciens 6. Qu'ils ne regarderoient point les Pleïades, la vue de ces étoiles étant capable d'attirer sur eux toutes sortes de malheurs & de calamités. 7. Ni vers les îles du nord, sous peine de tomber malades & de mourir sans remèdes. 8. Qu'ils conserveroient le souvenir de leurs ancêtres, & célébreroient des fêtes en leur honneur. 9. Que dans les tems chauds, ils salueroient le soleil, lequel feroit prospérer leurs entreprises, & ne les incommoderoit ni à la chasse, ni à la pêche. 10. Qu'ils croiroient à leurs magiciens. Mais il s'en falloit beaucoup qu'ils le fissent ; & ils n'étoient pas plutôt de retour à la mission, qu'ils se mocquoient de ces absurdités. Leurs dogmes, répondoient à ces préceptes. Le démon, étoit leur principale divinité, & ils célébroient plusieurs fêtes en son honneur. Ce qui les portoit à le faire, étoit que les sorciers leur avoient dit que c'étoit lui à qui ils étoient redevables des enfans qu'ils avoient & qu'ils pourroient avoir par la suite. Leur divinité exigeoit absolument ces fêtes. Ils en célébroient d'autres en l'honneur de leurs ancêtres, auxquels ils donnoient les mêmes noms qu'aux démons. Voici quelle étoit la force de cette apothéose ou canonisation. Ils représentoient le héros de la solemnité par plusieurs branches d'arbres, placées sur une éminence ; ils dansoient autour, & la canonisation étoit faite.

Leurs habits pontificaux dans ces sortes d'occasions, consistoient en une perruque aussi longue qu'un manteau d'Abbé, faite des cheveux des malades qu'ils avoient guéris; un collier fait d'un nerf de la jambe d'une bête fauve, & une ceinture de même. Ils portoient à la main un grand éventail de plumes de diverses couleurs, & un tube de pierre, pour sucer les malades, de la manière que j'ai dit ci-dessus. Toutes ces particularités, à l'exception des cheveux & du tube, différens entièrement des rits des Californiens que j'ai décrits, & j'omets quantité d'autres choses qui leur sont communes.

Quoique les îles & les contrées dont il s'agit dans ces relations, aient peu de commerce entr'elles, elles sont cependant à la vue les unes des autres; & cela étant, il est surprenant que ces peuples différent si fort sur un point aussi essentiel que la Religion. C'est-là cependant ce que disent les relations que j'ai consultées, & je ne les donne point pour des pièces d'une autorité incontestable.

Fin de la première Partie.

HISTOIRE
NATURELLE ET CIVILE
DE LA
CALIFORNIE.

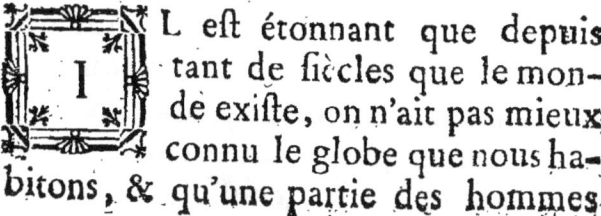

SECONDE PARTIE
Histoire de la Californie jusqu'à la première arrivée des Jésuites.

SECTION I.
Premières relations de l'Océan Pacifique, ou de la Mer du Sud.

IL est étonnant que depuis tant de siècles que le monde existe, on n'ait pas mieux connu le globe que nous habitons, & qu'une partie des hommes ait ignoré qu'il y en avoit d'autres qui faisoient, comme eux, leur séjour sur la terre. Le xve. siècle est devenu fameux en Europe par le rétablissement des Arts & des Sciences, & surtout par la découverte du Nouveau-monde.

L'Espagne s'étant soustraite à la domination des Maures, & les deux Royaumes de Castille & de Portugal se trouvant réunis, employèrent non seulement leurs armes victorieuses dans l'Europe & dans l'Afrique, mais envoyèrent encore des flotes sur l'océan, que l'on avoit tant redouté jusqu'alors. Les Indes orientales, dont les richesses faisoient tant de bruit en Europe depuis l'antiquité la plus reculée, acquirent une nouvelle réputation dans ce siècle par le commerce qu'on y fit de ses manufactures par la voie de Venise, de Gênes & de Florence. On commença à lire les anciens Géographes Grecs, les relations de Marc-Paul Vénitien & des autres voyageurs, de même que celles de quelques nationaux qui vinrent en Europe, & on ajouta foi à leurs récits. Mais quoiqu'on eût des preuves plus solides de la richesse de ces contrées

trées dans les épices & les autres productions qu'on en apportoit, il étoit impossible aux Européens d'y commercer, & encore plus d'en faire la conquête, parce qu'ils en ignoroient le chemin par mer, de sorte qu'ils étoient obligés d'avoir recours aux Mahométans qui étoient les maîtres de tous les pays qui sont entre deux. Les Portugais, qui avec une hardiesse & une persévérance incroyables, étoient venus à bout de découvrir & de reconnoître la côte occidentale d'Afrique jusqu'en Guinée, & de-là jusqu'au cap de Bonne-Espérance, ne desespérèrent point de pénétrer par l'océan jusqu'aux Indes. Dans cette confiance, ils envoyèrent en 1487 plusieurs personnes par terre dans l'Orient, surtout chez le Prête-jean, qui passoit pour être Chrétien, & extrêmement puissant. Ils demandèrent même au Pape la concession de tous les pays qu'ils viendroient à découvrir dans l'océan, depuis le cap Boxador jusqu'aux Indes inclusivement.

 Pendant que les Portugais étoient occupés à découvrir le chemin des Indes par l'Orient, les Rois de Castille, qui s'étoient emparés de plusieurs îles de l'océan, & qui faisoient valoir leurs prétentions sur la Guinée, envoyèrent Christophe Colomb pour découvrir de nouvelles terres vers l'occident, celui-ci leur ayant promis de trouver un chemin plus court aux Indes & aux îles des Epices. En effet, cet homme merveilleux, soit par la lecture des anciens Auteurs, ou par celle des écrits d'un Pilote dont on ignore le nom, découvrit ou conjectura qu'il devoit y avoir quelques contrées ou îles à l'occident des Canaries ou des Azores, mais sans se douter que l'Inde fût aussi éloigné des côtes d'Afrique & d'Espagne. Au contraire il conclut, d'après l'autorité des anciens Géographes & Philosophes, que le globe terrestre est plus petit qu'il ne l'est effectivement ; que le chemin d'Espagne à l'Inde n'étoit pas fort long, & qu'en le prenant, il arriveroit plutôt à Cathai & à l'île de Cipango, dont Marc-Paul, Vénitien, fait une description si pompeuse. En conséquence, il fut offrir ses services aux Rois de Portugal & d'Angleterre, qui les refuſerent. On peut voir ce fait, de même que ce qu'on dit des cartes de Paulo-Phyſico, Florentin, à qui il commniqua ſon deſſein, & qui l'engagea à le pourſuivre dans l'hiſtoire de ce grand homme, écrite par ſon fils Ferdinand Colomb, laquelle fait un honneur infini à ſon père. Colomb prit une autre route en 1492, & après avoir découvert les îles Lucayes, Cuba, Hiſpaniola, &c. il retourna en Eſ-Pagne, & entra comblé de gloire dans le port de Lisbonne, le 4 Mars 1493. Quelques grands Seigneurs conſeillè-rent à Jean III, qui régnoit alors, de faire mourir cet illuſtre Navigateur; mais il rejetta leur avis avec indigna-tion, & lui conféra de très-grands hon-neurs. Cependant, s'imaginant que les îles qu'on venoit de découvrir, étoient compriſes dans la donation que le Pa-pe lui avoit faite, il en fit ſes plain-tes au Roi de Caſtille, & donna ordre qu'on y envoyât une flote. Le Roi de Caſtille trouva moyen de ſuſpendre cette réſolution, & ſur ces entrefaites, Iſabelle obtint un bref du Pape Ale-xandre VI, par lequel il accordoit aux

N ij

Royaumes de Castille & de Léon, toutes les découvertes que seroient leurs sujets. Ce même Pape, pour ne point desobliger les Portugais, partagea le monde entre ces deux Royaumes, par une ligne de démarcation tirée du nord au sud, 100 lieues à l'ouest du Cap-verd & des Azores. Cet expédient n'ayant point satisfait le Roi de Portugal, leurs Majestés Catholiques, du consentement du Pape, dans un traité fait à Tordesillas en 1494, reculèrent la ligne de démarcation 270 lieues plus loin à l'ouest dudit cap & des îles.

Ce traité conclu, l'Amiral Colomb, conjointement avec d'autres Espagnols, poussèrent leurs découvertes, dont l'étendue & les richesses ne servirent qu'à enflammer la soif qu'on avoit des trésors des Indes orientales, dont on publioit des merveilles dans toute l'Europe. Ce qui l'augmenta encore plus, fut l'arrivée de Vasco de Gama à Lisbonne en 1499, lequel venoit de découvrir l'Inde, étant le premier qui eût osé doubler le cap de Bonne-Espérance, par où il ouvrit le chemin aux Indes orientales. Il courut dans ce tems-là un bruit en Espagne qu'il y avoit un détroit de communication entre le golfe du Mexique, & une vaste mer qui étoit au midi. Colomb assura leurs Majestés Catholiques qu'il ne négligeroit rien pour le découvrir, & en conséquence, il fit voile pour la quatrième fois pour l'occident en 1502, & reconnut les côtes depuis les îles de Los Guanacos & le golfe de Honduras, jusqu'au-delà du Porto-Bello, sans découvrir aucun détroit ; & en effet il ne pouvoit en découvrir aucun, n'y ayant dans cet endroit qu'un isthme, qu'on a appellé depuis l'isthme de Panama. Quelques-uns disent que c'est à ce voyage que l'on doit la découverte de la mer du sud ; mais d'autres prétendent qu'elle fut découverte trois ans auparavant par Vincent Yanez Pinzon, & Jean Diaz de Solis. Ferdinand Colomb, qui accompagna ce Religieux dans ce voyage, dément cette opinion, & ajoute que ce ne fut qu'en 1508 que Pinzon & Solis cotoyèrent ces contrées, & prétendirent les avoir découvertes, pour frustrer l'Amiral de la réputation qu'il avoit acquife, changeant pour cet effet les noms qu'il avoit donnés à quelques pays. Quoi qu'il en foit, il faut convenir qu'avant ce quatriéme & dernier voyage, Colomb avoit quelque connoiffance de la mer du fud, & ce qui le prouve, eft qu'il cherchoit un détroit; ce qui, malgré fa méprife, fuppofe une mer. Son fils ne fait point difficulté de l'avouer; & il y a toute apparence que quelques Efpagnols, dont il ne refte aucun fouvenir, ayant cotoyé quelque tems auparavant le golfe du Mexique, pour découvrir de nouveaux pays, ou des mines d'or, apprirent des habitans de l'ifthme, qu'il y avoit une mer de l'autre côté, & que c'eft-là ce qui a donné lieu à l'hiftoire du détroit. Il eft néanmoins certain, que ces relations confufes & ambiguës font les premières qu'on ait eues de la mer du fud.

Ce ne fut pas-là le premier voyage qu'on entreprit aux Indes par la voie de l'Amérique; car en 1495, plufieurs Efpagnols, Anglois, Danois & autres *

---

* Voy. le voyage de M. Ellis à la baie d'Hudfon.

firent voile vers le nord pour découvrir ce passage. On l'a cherché inutilement pendant deux siécles & demi, & les Anglois le cherchent encore aujourd'hui avec plus d'ardeur que jamais; mais il y a apparence qu'ils ne seront pas plus heureux. On chercha encore à découvrir la jonction de ces mers dans un autre endroit, avec une persévérance qui fut enfin couronnée d'un heureux succès. Colomb ayant découvert dans le troisième voyage qu'il fit en 1498, la côte de Paria vers le sud, plusieurs Espagnols équipèrent des vaisseaux pour pousser ces découvertes. De ce nombre furent Per Alonso Ninno, natif de Palos, qui, dans l'année 1599 découvrit Cumana & le reste de la côte jusqu'à Venezuela, & son compatriote Vincent Yanez Pinzon & son cousin Arias Pinzon, qui l'an 1500 arrivèrent à la grande rivière des Amazones, dont l'embouchure à 80. lieues de large; d'où cotoyant le Bresil, & ayant doublé le cap de Saint-Augustin, ils entrèrent dans la mer qui reçoit la rivière de la Plata, ce qui fit espérer qu'on trouveroit enfin ce paffage fi defiré aux Indes.

Le Roi de Portugal de fon côté defirant de trouver un chemin plus court pour arriver dans cette contrée, qui fourniffoit des fonds auffi ineftimables pour le commerce, que celui qu'on venoit de découvrir par le cap de Bonne-Efpérance, non content d'avoir envoyé l'an 1500 au nord de l'Amérique Gafpard de Corte-Réal, qui debarqua dans la terre de Labrador, & donna fon nom à quelques îles, fit partir l'année fuivante 1501 pour le fud de l'Amérique. Améric Vefpuce, Florentin, lequel a eu le bonneur de donner fon nom à la quatrième partie du monde. Ce navigateur ayant doublé le cap de Saint-Auguftin dans le Brefil, s'avança jufqu'au 40e degré de la ligne Equinoxiale &s'attribua la première decouverte de ce cap & de cette mer, quoique les Pinzons l'euffent devancé dès l'année précedente, à moins qu'on n'ait commis dans ce cas-ci la même fraude que le fils de Colomb dit avoir été commife au préjudice de fon père. D'autres attribuent la première découverte du Bresil à Pierre Alvarez Cabral : mais je n'arreterai pas plus long-tems le Lecteur sur ce sujet.

Malgré les differentes expéditions que l'on fit à l'occident, au septentrion & au midi, ce ne fut qu'en 1513 que l'on eut des relations claires & certaines de la mer du Sud. Le premier Européen qui la découvrit fut Vasco Nunnez de Balboa, natif de Xerez de los Cavaleros, lequel étant employé dans la conquête de Darien & du Golfe d'Uraba, & guidé par le fils du Cacique Panquiaca, traversa les montagnes, & découvrit enfin la mer du Sud, avec une joie qu'on ne peut exprimer. Ayant pris terre le jour de la fête de Saint-Michel, il appella ce golfe du nom de cet Archange. Il mérite d'autant plus d'eloges, qu'on lui doit les découvertes qu'on a faites depuis dans le Pérou & dans d'autres endroits, mais les cruautés qu'il exerça sur les Indiens, furent cause que Dieu le punit d'une mort tragique. Le Père Mariana dit qu'il étoit natif de Badajoz ; mais Gomara prétend qu'il étoit de Xerez de Badajoz ou de los Cavaleros.

Les Portugais découvrirent vers ce tems là les îles Moluques, & comme elles sont à l'orient, les Espagnols voulurent se les approprier de même que la partie orientale de l'Inde, prétendant qu'elles étoient comprises dans l'hémisphère qui leur avoit été cédé par la démarcation & le traité de Tordesillas ; ce qui renouvella les anciennes querelles entre les deux Royaumes. Sur ces entrefaites, sçavoir, l'an 1516, Ferdinand Magellan & Ruy Falero, tous deux Portugais, firent part au Cardinal Ximenez du dessein qu'ils avoient formé de découvrir un passage au midi dans la mer du sud, & de celle-ci aux Moluques & aux îles qui produisent les épices. Le Cardinal étant venu à mourir, il s'adressèrent au Roi Charles, lequel leur donna cinq vaisseaux, avec lesquels ils partirent de Saint-Lucar l'an 1519.

Magellan prit sa route vers le Sud, doubla le cap de Saint-Augustin, & arriva au fameux détroit qui porte son nom, d'où après une infinité de travaux & de dangers, il entra dans la mer du Sud. Il la traversa heureusement,

& arriva aux îles des Larrons, aujourd'hui appellées Marianes, d'où il se rendit à celles de Luçon, qu'on a depuis appellées Philippines, où il périt malheureusement avec quelques-uns de ses camarades. Les autres arrivèrent eux Moluques, d'où Jean-Sébastien del Cano, natif de Gueitaria dans la province de Guipuscoa, & Capitaine de vaisseau la Victoire, retourna en 1522 en Espagne par le cap de Bonne Espérance, après avoir fait le tour du monde dans l'espace de trois ans.

C'est ainsi que l'on découvrit la mer du Sud dans les environs du Pole Antarctique & de la Ligne équinoxiale; mais il restoit encore à la découvrir vers le nord, & cette entreprise étoit réservée à Ferdinand Cortez. Ce héros ayant subjugué l'Empire de Mexique, & s'étant rendu maître de sa capitale le 13 d'Août 1521, le Roi de Méchoacan, dont les domaines s'étendent jusqu'à la côte de la mer du Sud, lui offrit de se soumettre. Cortez, comme il le dit lui-même dans une lettre qu'il écrivit l'année suivante à Charles V, avoit ouï parler de cette mer, peut-être du tems de Montezuma ; & comme il méditoit toujours de nouvelles entreprises avec une magnanimité qui l'égalera toujours aux Alexandres & aux Césars, il envoya reconnoître les côtes par divers Espagnols, & fit construire deux caravelles *. Il comptoit si fort sur la réussite de son projet, qu'il osa en écrire à l'Empereur en ces termes : « Votre » Majesté sentira elle-même que cette » entreprise lui fera plus d'honneur, & » lui sera infiniment plus utile, que » tout ce qu'on a fait depuis la découverte des Indes. »

Les Espagnols, au retour du vaisseau la Victoire, ayant découvert une nouvelle route aux Moluques, quoique très-longue & très-difficile, les ayant fait reconnoître, & s'étant par-là mieux assurés de la vraie situation du monde,

---

* Ancien bâtiment dont les Espagnols se servoient beaucoup autrefois. Il étoit de très-mauvais gabarit, extrêmement pointu de l'avant, & ses mâts penchoient vers la proue. Il portoit des voiles latines pour mieux recevoir le vent, quoique ces voiles ne soient pas si faciles à manier que les autres.

les deux Rois firent valoir avec plus d'ardeur que jamais leurs droits sur cette partie des Indes orientales. En 1583, Charles V envoia plusieurs Officiers à la découverte du détroit qu'on croyoit exister dans l'isthme de Panama. En conséquence François Hernandez & Gile Gonzales Davila furent le chercher dans cet endroit tout le long de la côte de la mer du Sud. L'Empereur donna ordre cette même année à Cortez de le chercher dans les deux mers. N'ayant pu le faire dans la mer du Sud, il envoia dans le golfe du Mexique Christophe de Olid, lequel déserta dans la suite avec cinq vaisseaux & un brigantin, avec ordre de se joindre au célèbre Hebueras & à son cousin Diego Hurtado, qui devoit lui remettre trois vaisseaux, & de reconnoître conjointement la côte depuis Yucatan jusqu'à Darien. On tint en 1524 à Badajoz un congrès composé de Ministres d'Etat, de Jurisconsultes, de Cosmographes & de Pilotes Espagnols & Portugais, pour ajuster les prétentions des deux Couronnes sur les Moluques. Après deux mois de débats, les Juges

Espagnols décidèrent en faveur de leur couronne, les Portugais protestèrent contre, de manière que ce congrès ne servit qu'à augmenter l'animosité des deux nations. C'est ainsi que deux Rois disputoient sur une chose, qui quelques années après devoit être la récompense de la diligence des autres nations, & même de la révolte de leurs propres sujets. Ils en vinrent quelque tems après à un accommodement, en conséquence duquel l'Empereur céda au Roi de Portugal son droit sur les Moluques, moyennant la somme de trente-cinq mille ducats, malgré toutes les remontrances que lui fit Pierre Ruiz de Villegas natif de Burgos, qui jouoit le principal rôle dans la conférence de Badajoz, & qui étoit généralement estimé à cause de sa naissance, de son sçavoir, de sa sagesse & de ses mœurs.

Cependant l'Empereur envoya dans la même année 1524, & non en 1525, comme dit Gomara, Etienne Gomez de la Corogne, à la découverte d'un passage aux Moluques, par le nord de l'Amérique. Il trouva la chose impraticable, mais il revint chez lui avec quelques Indiens, & suivant Oviedo, qui vivoit dans ce tems-là à Toléde, il arriva dans cette ville en 1525. L'Empereur ordonna de plus de bâtir à la Corogne une maison pour le commerce des Indes, & d'équiper dans le même port une flote de sept vaisseaux, dont il donna le commandement à Frère Gari-Joffre de Loaysa, Commandeur de l'Ordre de S. Jean, & natif de Ciudad-Réal. Celui-ci se mit en mer dans le mois de Septembre 1525 pour aller découvrir le détroit de Magellan, dans le dessein de passer de-là aux Moluques. Il arriva heureusement dans la mer du sud, mais il y mourut, ce qui mit son escadre hors d'état de poursuivre cette entreprise. L'année suivante 1526, Charles V envoia Sébastien Chabot avec quatre Caravelles, avec ordre de se rendre par la même voie aux Moluques. Le but de cette expédition étoit d'attirer le commerce des Indes à Panama ou à Nicaragua; mais il ne fut que jusqu'à la rivière de la Plata, & en revint avec aussi peu de profit que de réputation.

SECTION II.

Première découverte de la Californie, & voyages qu'on y fit du tems de Ferdinand Cortez.

J'AI dit ci-dessus qu'en 1522, aussitôt après la conquête du Mexique, Cortez fit sçavoir à Charles V. qu'ayant découvert dans trois différens endroits la mer du Sud, il avoit donné ordre de construire deux caravelles & deux brigantins. Pour cet effet il envoya à Zacatula quarante Espagnols, tant charpentiers, scieurs, forgerons, que matelots, à la suite desquels il fit transporter, l'espace de 200 lieues à travers de la Nouvelle-Espagne depuis la Vera Cruz, du fer, des ancres, des voiles, des cables, des agrès, de la poix, du suif, du fil de carret, du bitume, & d'autres provisions navales, qu'il y avoit achetées. Elles arrivèrent heureusement à Zacatula; mais le magasin ayant pris feu, on ne sauva que les ancres & la féraille. Cet accident ne le découragea point. Il donna ordre aussitôt

DE LA CALIFORNIE. 161

aussitôt d'en acheter d'autres, ainsi qu'il l'écrivit lui-même à l'Empereur, lui marquant que si cet armement, dont il faisoit lui-même la dépense, n'avançoit point, il ne devoit s'en prendre qu'au refus qu'on faisoit de lui envoyer d'Espagne l'artillerie & les munitions dont il avoit besoin, l'Archevêque de Burgos, Président des Indes, & d'autres personnes en place, s'opposant à ses vues. Voici comme il parle lui-même de cet armement dans une lettre qu'il écrivit à l'Empereur de Temixtitan ou de Mexico le 15 Octobre 1524. « Je fonde de très-grandes espérances sur ces vaisseaux, & je compte, avec l'aide de Dieu, de soumettre à Votre Majesté Impériale plus de Royaumes & de Domaines qu'on n'en a jamais connu, chez notre nation. Veuille-t-il faire prospérer mon entreprise, pour que V. M. I. obtientienne cet avantage. Je crois que cette expédition finie, elle pourra se rendre maîtresse de tout l'Univers, lorsqu'il lui plaira. » Il dit dans un autre article de la même lettre : « J'ai marqué à V. M. I. les endroits où

O

» j'ai envoié des gens par terre & par
» mer, & j'espère qu'elle en sera bien-
» aise, d'autant plus qu'elle sçait que
» je n'ai rien plus à cœur que de lui
» donner des preuves de mon zèle
» pour son service. Il ne me reste plus
» qu'à découvrir la côte qui est entre
» la rivière Panaco & la Floride, que
» le Capitaine Jean Ponce de Léon a
» reconnue, & de remonter de-là au
» nord de la Floride jusqu'aux Bacal-
» laos, persuadé qu'il y a sur cette cô-
» te un détroit de communication avec
» la mer du sud. Au cas qu'il se trouve,
» conformément à la carte que j'ai de
» cette partie de la mer, près de l'Ar-
» chipel que Magellan a découvert par
» ordre de Votre Majesté, il ne sçau-
» roit en être bien éloigné; & si Dieu
» veut qu'il existe, le voyage aux îles
» des Epices aura cela de commode
» pour ses domaines, qu'il sera de deux
» tiers plus court que la route que l'on
» prend actuellement; les vaisseaux cour-
» ront d'autant moins de risque en allant
» & venant, qu'ils se trouveront tou-
» jours dans les Etats & les pays qui
» appartiennent à Votre Majesté, &

DE LA CALIFORNIE. 163
» qu'ils pourront y mouiller lorsque bon
» leur semblera, comme dans un pays
» qui appartient au Souverain dont ils
» portent le pavillon. Tels sont, sui-
» vant moi, les avantages que V. M.
» retirera de cette expédition. Je ne
» lui cacherai point que j'ai fait des
» dépenses immenses, & contracté
» quantité de dettes pour le service
» tant de mer que de terre. Les che-
» vaux & l'artillerie que j'ai dans cette
» ville & ailleurs, indépendamment
» des dépenses accidentelles, exigent
» des frais qui retombent sur moi ; car
» tout s'est fait, & se fait encore à mes
» dépens. Ce qui les augmente en-
» core, est que toutes les provisions,
» surtout celles pour l'armée de terre
» & pour la marine sont ici à un prix
» si excessif, que le revenu que je tire
» du pays, tout riche qu'il est, ne me
» défraye point de la dépense que je
» suis obligé de faire. Je la supporte
» cependant avec joie, dans la vue des
» avantages qui doivent en résulter ;
» & quoique je sois obligé d'emprun-
» ter de l'argent à intérêt pour le ser-
» vice de Votre Majesté, j'ai résolu

O ij

» d'employer trois Caravelles & deux
» brigantins à cette expédition qui me
» coûteront plus de dix mille écus d'or.
» Je couronnerai par ces service ceux
» que je lui ai déjà rendus : c'en sera un
» très grand que de découvrir le détroit
» dont je parle, & quand même
» on ne le trouveroit point, on
» ne sçauroit manquer de découvrir
» plusieurs pays fort vastes & fort ri-
» ches, dont Votre Majesté Imperiale
» tirera un profit infini, & qui servi-
» ront à augmenter les Royaumes &
» les domaines de la Couronne. Sup-
» posé même que ce détroit n'éxiste
» point, ce sera un avantage pour el-
» le d'en être assurée, parce qu'elle
» prendra les mesures convenables
» pour tirer parti des Indes & des
» autres contrées voisines. Je promets
» à Votre Majesté, au cas qu'il lui
» plaise de me confier cette affaire,
» de lui montrer au défaut de ce dé-
» troit, un moyen dont-elle pourra
» tirer de très grands avantages. Dieu
» veuille que l'Escadre remplisse l'o-
» bjet pour lequel elle est destinée, &
» nommément, qu'elle découvre le dé-

» troit, ce que j'espere qu'elle sera, par
» l'intérêt que Votre Majesté y prend.
» J'ose de mon côté lui promettre que
» je ne négligerai rien pour y réussir.

» J'ai jugé à propos d'envoyer les
» vaisseaux que j'ai fait construire, dans
» la mer du sud, afin qu'avec l'aide
» de Dieu, ils puissent vers la fin de
» Juillet 1524, mettre à la voile &
» descendre le long de la même côte,
» pour aller découvrir le détroit en
» question. Car, en cas qu'il existe, il
» faut nécessairement que ceux qui vont
» dans la mer du sud, ou que ceux
» que j'envoie au Nord le trouvent;
» les premiers ayant ordre de ne point
» perdre la côte de vue jusqu'à ce qu'ils
» l'aient trouvé, ou qu'ils se soient
» apperçus que la terre se joint avec
» celle que Magellan à découverte : &
» les seconds, qu'elle est contiguë
» avec les Bacallaos; il faut donc que
» les uns ou les autres décident cette
» question importante. Je suis bien aise
» d'apprendre à Votre Majesté, que
» selon les nouvelles que j'ai reçues des
» contrées situées sur la côte supé-
» rieure de la mer du sud, l'envoi

» de ces vaisseaux ne lui sera pas moins
» avantageux qu'à moi. Mais sçahant
» qu'elle desire de connoître ce dé-
» troit, & considérant de plus les
» avantages que cette découverte pro-
» curera à sa Couronne, j'ai négligé
» tous les autres dont j'étois assuré,
» plutôt que d'abandonner cette en-
» treprise. Dieu veuille la diriger se-
» lon son bon plaisir, pour que Votre
» Majesté obtienne ce qu'elle desire,
» & que je puisse la servir selon mes
» souhaits. »

Telles sont les propres paroles de Ferdinand Cortez. Q'il me soit permis ici de demander si un aussi grand Monarque pouvoit penser autrement sur une matiere qui intéressoit si fort sa gloire, sa puissance, & celle de sa nation? Cette même année 1524, Cortez envoya non-seulement l'escadre dont on vient de parler sous les ordres de Christophe de Olid, mais dépêcha encore deux autres vaisseaux pour aller reconnoître les côtes depuis Panama jusqu'à la Floride, qu'on appelle aujourd'hui les côtes de Missisipi & de la Louisiane, pour voir si l'on ne trouve-

roit point un autre détroit. On ignore si dans les trois années suivantes, jusqu'en 1527, Cortez excuta du côté de la mer du sud le projet qu'il avoit formé de découvrir le détroit imaginaire de l'isthme. Il se confirma dans cette fausse croyance en 1523, fondé sur un mémoire que lui présenta Pierre d'Alvaredo, daté d'Udatan le 11 Avril 1523, dans lequel on trouve ce qui suit. " On m'a dit encore qu'à cinq
» journées au-delà d'une grande ville,
» qui est éloignée d'ici de vingt jours
» de marche, on ne rencontre plus de
» terre. Si cela est, comme on l'assure,
» je ne doute point que ce ne soit le
» détroit en question. " On ignore de même s'il s'agit ici du détroit que l'on croyoit exister sur les côtes des Bacallaos, ou celles de Terre-Neuve de & la terre de Labrador. Il y a toute apparence qu'il ne put exécuter son dessein ; car ce fut dans ces années qu'il fit aux Hibueras ce voyage qui lui causa tant de peines & de fatigues, après quoi survinrent les troubles du Mexique, qui l'occupèrent entièrement. Il est également incertain, si dans ce

tems-là il envoya les vaisseaux de Zacatula vers la côte septentrionale de la mer du sud. Cortez dit seulement, que sur ce qu'on lui avoit dit de ces contrées & de ces côtes, il s'en promettoit de très-grands avantages. Dans un autre endroit de la même lettre, il instruit l'Empereur des préparatifs qu'il avoit faits pour conquérir la province de Colina dans la mer du sud : qu'on lui avoit parlé d'une île d'Amazones, abondante en or & en perles, laquelle étoit à dix journées de Colina, ajoutant que quelques Indiens y avoient été, & qu'il ne négligeoit rien pour la découvrir. Cette île des Amazones étoit aussi chimérique qu'une autre province sur la rivière des Amazones, qui portoit leur nom. Ce qu'il dit des perles me fait croire qu'il s'agit ici de la Californie & de son golfe.

Quoi qu'il en soit, au mois de Juin 1526, Charles V écrivit à Ferdinand Cortez de Grenade, d'envoyer les vaisseaux qu'il avoit à Zacatula à la découverte de la Trinité, un des vaisseaux de Magellan & de ceux des deux escadres de Loyaisa & de Chabot,

DE LA CALIFORNIE. 169

bot, & pour découvrir un passage de la Nouvelle-Espagne aux Moluques, comme il l'avoit promis dans ses lettres. Il reçut cet ordre justement dans le tems que Hortun de Alango venoit d'arriver à Cuatlan sur la côte du sud, sa chatte* ayant été séparée de l'escadre de Loaysa, & ce fut ce qui l'engagea à le mettre en exécution. En conséquence il fit équipper trois vaisseaux, dont il donna le commandement à Alvaro de Saavedra Coron, lesquels partirent de Civatlan au mois de Novembre 1527. Cortez se rendit en Espagne l'année suivante 1528, & sur ces entrefaites, l'escadre de Saavedra fit naufrage aux Moluques.

L'Empereur qui étoit pour lors en Espagne, conféra de très-grands honneurs à Cortez. Il le créa Marquis de la Vallée de Guaxaca, le nomma

---

* Barque ronde de hanches & d'épaules, grossièrement construite, presque sans façon, & sans aucun accastillage, n'ayant que deux mâts garnis de voiles, qui portent des bonnettes maillées, & du port d'environ soixante à quatre-vingt tonneaux. Son usage est de transporter le canon & les provisions du vaisseau.

Tome I. P

Capitaine Général de la Nouvelle-Espagne & des provinces situées sur la côte de la mer du sud, & lui assigna la douziéme partie de ce qu'il conquérroit pour lui & ses héritiers. Ces titres & ces priviléges excitèrent Cortez à poursuivre ses expéditions dans la mer du sud. Cependant, ni l'Empereur, ni l'Impératrice, à laquelle il avoit laissé la régence du Royaume, l'Empereur étant allé se faire couronner en Italie, ne voulant point laisser entièrement les choses à sa disposition, lui firent signer un écrit en 1529, lequel étoit aussi signé de l'Impératrice, par lequel il s'obligeoit d'envoyer à ses dépens des vaisseaux dans la mer du sud, pour découvrir les pays & les îles en question. Cortez retourna l'année suivante dans le Nouvelle-Espagne, où cédant à son penchant naturel, de même qu'aux sommations que lui fit la nouvelle Audience de Mexico, de tenir sa promesse, dans la vue sans doute d'éloigner de cette capitale un homme qui lui faisoit ombrage, il fit construire deux vaisseaux à Acapulco, avec lesquels Diego Hurtado, proche parent de Cortez, se mit en mer au mois de

Mai 1532. Cette expédition ne fut pas plus heureuse que la première ; l'équipage d'un de ces vaisseaux se mutina, & eut toutes les peines du monde à regagner Zalisco ; le second, qu'Hurtado montoit périt vraisemblablement, vu qu'on n'en n'entendit plus parler. Cortez en fit construire deux autres dans une ville qui lui appartenoit, appelée Tehuantepec, & se rendit lui-même dans ce port pour en hâter l'armement, Il leur donna pour Capitaines Hernando Grijalva, & Diego Becerra de Mendoza, son parent ; & pour Pilote, Ortun Ximenès Biscayen. Ils mirent à la voile l'an 1524 ; mais ils se séparèrent dès la première nuit, & ne se joignirent jamais plus. Grijalva, après avoir couru 300 lieues, aborda dans une île déserte, à laquelle il donna le nom de Saint-Thomé, que l'on croit être près de la pointe de la Californie, & retourna quelque tems après dans la Nouvelle-Espagne. Becerra s'étant fait haïr de son pilote par ses manières emportées & hautaines, ne jouit pas longtems du poste qu'il occupoit. Ximenès oubliant la subordination qu'il

P ij

lui devoit, se ligua avec quelques mécontens, l'assassina pendant qu'il dormoit, blessa quelques-uns de ses Officiers, & se rendit maître du vaisseau. Mais craignant le ressentiment de Cortez, il débarqua sur la côte de Xalisco deux Missionnaires Franciscains qui étoient à bord, à la prière desquels il épargna les blessés, & continua sa route vers le Nord, dans le dessein de découvrir des nouveaux pays & des nouvelles îles. Il ne put cependant échapper à la vengeance divine; car étant arrivé dans l'endroit qu'on a depuis appellé la baie de Sainte-Croix, sur la côte intérieure de la Californie, & ayant voulu descendre à terre, il fut tué par les Indiens avec vingt autres Espagnols. Les matelots ramenèrent le vaisseau à Chametla, où ils firent un rapport très-avantageux du pays, disant qu'il étoit extrémement peuplé, & que l'on trouvoit quantité de lits de perles sur ses côtes. Nunno de Gusman, qui faisoit dans ce tems là la conquête de ce pays, se saisit du vaisseau. Il avoit été Président de l'audience de Mexico, & Juge de la Résidence *, & il haïssoit mortellement Cortez. Celui-ci, loin de se laisser abbattre à tant de malheurs réitérés, persista dans l'opinion où il étoit que les Moluques ne pouvoient pas être fort éloignés de la côte occidentale, & qu'il devoit infailliblement y avoir entre-deux, des pays & des îles fort riches.

Ce qui le confirma encore dans cette opinion, fut le récit qu'on lui avoit fait des perles qui naissent dans cette contrée, lequel, bien qu'exagéré, s'accordoit avec ce qu'il en avoit ouï dire quelques années auparavant. Cela joint au contrat qu'il avoit passé avec l'Impératrice, le détermina à faire une dernière tentative, & à s'y transporter en personne. On n'eut pas plutôt avis de son dessein, que quantité d'Espagnols s'offrirent de l'accompagner.

---

* On appelle Résidence l'examen qu'un Gouverneur ou un Magistrat est obligé de subir au sortir de sa charge. On nomme un Juge pour recevoir les plaintes que l'on porte contre lui. On somme tous ceux qui ont des griefs à comparoître, & il est obligé de se défendre debout.

Il fit équipper trois vaisseaux qu'on avoit construit à Tehuantepec d'une manière convenable à l'expédition qu'il devoit conduire lui-même en personne. Il les envoya à Chiametla, & se rendit par terre à Mexico avec un bon corps de soldats, d'Officiers, & quantité de familles, auxquelles il joignit bon nombre d'Ecclésiastiques & de Religieux destinés à la conversion des naturels du pays. Les vaisseaux arrivèrent à Chiametla, & trouvèrent celui d'Ortun Ximenès désemparé sur la côte. On l'équippa de nouveau. Cortez s'embarqua dans cet endroit avec tous ceux qui voulurent le suivre. Les autres restèrent à terre sous la conduite d'Andez de Tapia. Il fit route au nord vers le golfe, qu'on a depuis appellé la mer de Cortez, & qui est le même que celui de Californie. Il fit chercher l'endroit où les Indiens avoient massacré Ortun Ximenès, & les équipages descendirent à terre le 1 de Mai 1526. Il donna à ce lieu-là le nom de la baie de la Sainte Croix (*de Santa Cruz*), & quelques-uns croient que c'est le même qu'on appelle aujourd'hui la baie de la Paix, lequel eſt ſitué ſur la côte orientale de la Californie, ou du moins qu'un autre ſur la même côte entre le cap de Saint-Lucas & la Paz, ce qui paroît plus vraiſemblable. Le débarquement fait, les vaiſſeaux remirent à la voile, pour aller chercher ceux qui étoient reſtés à terre, de même que les proviſions & les munitions qu'on avoit laiſſées à Chiametla; mais la tempête les diſperſa, & il n'y en eut qu'un qui fut rejoindre Cortez, encore revint-il ſans proviſions. Cet accident l'affligea d'autant plus, qu'il ſe trouvoit dans un pays ſtérile. Cependant ſa préſence d'eſprit ne l'abandonna point, il remonta ſur ce vaiſſeau, & fut chercher les autres que la tempête avoit diſperſés. Il traverſa cette mer, qui, à ce que dit Gomara, reſſemble à la mer Adriatique, & après avoir couru la côte l'eſpace de cinquante lieues avec des dangers infinis, il les trouva échoués ſur le rivage. Il eut toutes les peines du monde à regagner la baie de Sainte-Croix, grand nombre de ſes gens étant morts de faim, & un plus grand nombre encore pour avoir trop mangé à leur arrivée, malgré les précautions qu'il avoit prises pour les en empêcher. Cortez, ne pouvant supporter plus longtems la vue de tant de misères, poussa plus loin ses découvertes, & débarqua dans la Californie, qui est une baie.

Ces paroles de Gomara, jointes à celles que j'ai rapportées, prouvent ce que j'ai déja observé, que la baie de Sainte-Croix, où Ortun Ximenès fut massacré, & où Cortez débarqua, est dans le golfe qu'on appelle aujourd'hui de Californie, & que ce nom est proprement celui d'une baie qu'il découvrt sur la même côte, & peut-être de celle qu'on appelle de la Paz, & qu'on s'en servit pour désigner toute la péninsule.

Il courut dans ce tems-là un bruit dans toute la Nouvelle-Espagne que Cortez étoit mort, sur quoi tous les Caciques du Mexique formèrent le dessein de se révolter, étant le seul qui les tînt en bride. La Marquise Donna Juanna de Zunniga, fille du Comte d'Aginlar, & cousine de la seconde femme du Duc de Bejan, expédia aussitôt une caravelle pour en fçavoir des nouvelles, & le prier de revenir au plus vîte. On fit auſſi partir deux autres vaiſſeaux, fçavoir, celui de Grijalva, qui étoit revenu de ſon expédition, & un autre qu'on venoit de conſtruire à Tehuantepec avec des lettres de la Marquiſe, de l'Audience, & de Don Antoine Mendoza, Viceroi du pays, par leſquelles on lui marquoit le beſoin qu'on avoit de ſa préſence dans la Nouvelle-Eſpagne, tant pour aſſurer la tranquillité du pays, que pour envoyer à François Pizarro, les ſecours qu'il demandoit pour Lima, où il étoit aſſailli d'une foule innombrable d'Indiens. Ils le conjuroient & lui ordonnoient même de revenir, & Corres étoit d'autant plus porté à le faire ; qu'il étoit las des efforts inutiles qu'il avoit fait ſur mer & ſur terre, & convaincu à ſon grand regret, que les ſuccès qu'on a ſur terre, ne ſont point des garans aſſurés de ceux qu'on eſpère avoir ſur mer. Il fut néanmoins ravi de pouvoir abandonner une entrepriſe dans laquelle il s'agiſſoit de ſa réputation, & il retourna à

Acapulco au commencement de l'année 1527, laissant les troupes qui étoient à Sainte-Croix, sous le commandement de François de Ulloa, lequel voyant l'impossibilité qu'il y avoit d'y subsister & de s'y établir, le suivit bientôt après, soit par son ordre, ou de son propre mouvement.

D'Acapulco, Cortez se rendit à Quahunahuac. qu'on a depuis appellé par corruption Quarnavaca, pour y joindre son épouse, avec laquelle il retourna à Mexico, pour faire son rapport au Viceroi. Il donna ordre aussitôt d'envoyer à Pizarro le secours qu'il demandoit, & dépêcha deux vaisseaux sous le commandement d'Hernando Grijalva, d'Acapulco à Callos, avec des troupes, des armes & des chevaux, qu'il accompagna de plusieurs riches présens au nom de la Marquise, & le tout arriva heureusement à tems pour le Conquérant du Pérou. La multitude des entreprises n'embarrassoit jamais Cortez, & le mauvais succès des premières ne l'empêchoit point de tenter celles qu'il prévoyoit, après une mûre réflexion, devoir lui être avantageuses. Il fit au printems de la même année, une nouvelle expédition, dont je vais donner le détail d'après François Lopez de Gomara, parce qu'elle contient plusieurs articles importans relatifs à mon dessein, & confirme quantité de faits que je rapporte.

Au mois de Mai de la même année 1537, Cortez envoya trois autres vaisseaux sous le commandement de François de Ulloa, qui venoit d'arriver avec les autres. Il avoit ordre de reconnoître la côte de Culhuacan, qui s'étend vers le nord. Les noms de ces vaisseaux étoient Santa-Agueda, la Trinité & Saint-Thomas. Ils partirent d'Acapulco, & furent mouiller à Santiago de-Buena-Esperanza, pour y prendre des provisions. De Guayabal ils se rendirent à Californie, pour y chercher un vaisseau, & de là dans la mer de Cortez, appellée par d'autres Mer Vermeille, d'où ils rangèrent la côte l'espace de plus de 200 lieues, & trouvèrent une baie à laquelle ils donnèrent le nom de Saint-André, parce qu'ils y arriverent le jour de la fête de ce Saint. Ulloa prit possession de ce pays pour le Roi de Castille, au nom de Ferdinand Cortez. Cette baie gît par le 32ᵉ degré de latitude : il y a le long de cette côte quantité de volcans ; les montagnes y sont stériles, & le pays extrêmement pauvre. Ils trouvèrent dans cet endroit quelques traces de moutons, nommément des cornes grosses, pesantes & tortues. Ils virent aussi quantité de baleines dans cette mer. Les habitans se servent pour les prendre d'hameçons faits de bois, d'os de poissons, ou d'écailles de tortues, dont il y a un grand nombre dans cette mer, & fort grosses. Les hommes vont nuds comme les Otomies de la Nouvelle-Espagne. Ils portent sur la poitrine des petits coquillages luisans comme la nacre de perle. Ils boivent dans des mulattes de loups marins, aussi-bien que dans des tasses de terre. Au sortir de la baie de Saint-André, ils vinrent à Californie, rangeant toujours la côte ; ils doublèrent le cap, mouillèrent entre le continent & quelques îles, & retournèrent dans la baie de Saint-André. Ils nommèrent ce cap *El Cabo del Engaño*, ou de la Tromperie; mais les vents leur étant devenus contraires, & manquant de provisions, ils retournèrent dans la Nouvelle-Espagne; de manière qu'après un an entier d'absence, ils ne trouvèrent aucun pays, qui valût la peine qu'on y retournât une seconde fois. Ferdinand Cortez s'étoit imaginé, en voyant cette côte & cette mer, de trouver une autre Nouvelle-Espagne; mais il ne fit rien de plus par terre & par mer que ce que je viens de dire, quoiqu'il fût présent par tout, & qu'il ne ménageât point sa personne. Il s'étoit mis dans la tête qu'il y avoit entre la Nouvelle-Espagne & les îles des Epices, des îles très grandes & très riches. Il dépensa, comme il le dit lui-même dans ces découvertes, deux cents mille ducats, ayant été obligé d'y employer plus d'hommes & de vaisseaux qu'il ne l'avoit cru d'abord; & ce fut-là ce qui l'obligea à retourner en Espagne, ainsi que je le dirai tantôt. On peut cependant dire à sa louange, que jamais homme n'a moins ménagé sa bourse, ni n'a montré plus de courage & de résolution, lorsqu'il s'agissoit de pareilles entreprises.

SECTION III.

Expéditions faites dans la Californie jusqu'à l'année 1600.

LE peu d'avantage que Cortez avoit tiré de ces expéditions hasardeuses & dispendieuses, auroit dû naturellement ralentir l'ardeur d'en entreprendre d'autres dans le nord de l'Amérique & dans l'océan Pacifique. Cependant ces richesses immenses qu'on avoit amassées par le sage & prudent gouvernement de Don Antonio de Mendoza, secondé des conseils & de l'autorité du Marquis del Valle, & qui auroient dû assouvir le desir d'augmenter ces acquisitions & ces découvertes, & fixer l'attention du Gouvernement & des particuliers à procurer le bonheur de ces vastes pays dont l'Espagne étoit en possession, ont produit un effet tout contraire ; & la raison en est, que l'homme étant créé à l'image de Dieu, il n'y a que lui qui puisse remplir le vuide de son cœur, & satisfaire ses desirs,

DE LA CALIFORNIE. 183

Dans la même année 1537, Alvar Nunnez Cabeza de Vaca, fameux par esaventures singulières qu'ils eut avec ses trois compagnons, Costillo, Dorantos & un Nègre nommé Estevanico, arriva de Mexico à Culiacan. De trois cens Espagnols qui débarquèrent en 1527 avec Pamphile de Narvaez dans la Floride pour en faire la conquête, ces quatre seuls échapèrent. Après avoir erré pendant dix ans parmi les nations idolâtres, qui sont dans l'intérieur de l'Amérique, ils arrivèrent enfin sur la côte de Culiacan, mais nuds & si défaits, qu'on les eût pris pour de vrais sauvages. Mais on n'eut pas plutôt reconnu à leur langue qu'ils étoient Espagnols, qu'on les secourut, & qu'on les envoya à Mexico. Tout le monde fut surpris des avantures qui leur étoient arrivées durant un voyage aussi long & aussi extraordinaire, & aussi-bien que des miracles qu'ils assurèrent que Dieu avoit opéré par leurs mains sur les Indiens malades, jusqu'à leur donner le pouvoir de ressusciter les morts. Ils assurèrent encore ce que Alvar Nunnez écrivit depuis à l'Em-

pereur, sçavoir, que la côte méridionale étoit remplie de perles & d'autres richesses, & que c'étoit le meilleur pays qu'il y eût dans ces cantons. Ce fut ce même Alvar Nunnez Cabeza de Vaca qui découvrit dans la suite la rivière de la Plata, & qui conquit le Paraguai. A ce témoignage, qui recevoit beaucoup de poids de leurs erreurs extraordinaires, & du récit qu'ils en faisoient, s'en joignoit un autre l'année suivante 1538, dont l'autorité étoit infiniment plus grande. Marc de Niza, Religieux Franciscain, & Provincial de la nouvelle province del Santo-Evangelio, ayant appris qu'un Frère Lai de son Ordre s'étoit avancé 200 lieues vers le nord au-delà de Culiacan, & avoit traversé des pays parfaitement bien peuplés, où il avoit ouï faire des récits extraordinaires d'autres pays qui étoient plus loin, résolut d'aller prêcher l'Evangile à ces peuples, & de les visiter en personne. Sa mission l'occupa plusieurs mois, & à son retour, il rapporta qu'il avoit vu de très-bons pays, & ouï parler de sept grandes villes, habitées par des
peuples

peuples civilisés : que le pays abondoit en gibier, grains & fruits, & les montagnes en métaux & pierres précieuses; ajoutant que non loin de là, il y avoit une grande ville nommée Quivira, dont les maisons avoient sept étages, & dont on vantoit l'opulence.

Cette nouvelle s'étant répandue à Mexico, devint l'entretien général de toute la ville. Quantité d'Espagnols qui venoient d'arriver, se repurent de l'espérance de pouvoir conquérir un Empire aussi riche que celui qui avoit rendu Cortez si fameux. Les découvertes qu'on venoit de faire dans la Nouvelle-Espagne, celles que l'on continuoit de faire dans le Pérou, l'opinion générale qu'on avoit des richesses des Indes orientales, qu'on ne croyoit pas devoir être fort éloignées, les dépositions du Pere Provincial, & celles des compagnons de Pamphile de Narvaez, étoient tout autant de motifs qui captivoient la croyance de ceux même qui étoient le moins disposés à croire. Cortez & le Viceroi résolurent aussitôt de tenter la conquête de ce pays tant par mer que par terre;

Q

mais on s'apperçut bientôt que leurs intentions n'étoient pas aisées à concilier, chacun voulant se l'approprier à l'exclusion de l'autre; l'un comme Viceroi, l'autre en vertu de la découverte qu'il avoit faite de la mer du sud, & du contrat qu'il avoit passé avec l'Impératrice.

Le Viceroi, quoique d'une justice & d'une magnanimité exemplaires à tout autre égard, n'étoit pas assez insensible au point d'honneur, pour voir de sang-froid les hommages que les Espagnols & les Indiens rendoient à Cortez. Celui-ci, quoique retiré de Mexico, & mécontent du refus que l'Empereur lui avoit fait du Gouvernement qu'il avoit demandé, trouva les moyens de maintenir ses intérêts & son autorité dans leur entier, & se conduisit avec tant d'adresse, qu'il ne donna aucun ombrage aux Grands de la Nouvelle-Espagne, & leur fit sentir le besoin qu'ils avoient de sa présence, sans leur donner le moindre soupçon sur sa conduite. Le Viceroi & l'Audience trouvèrent une occasion, sinon juste, du moins favorable de lui faire sentir, qu'en vertu du privilége qu'ils avoient de prendre le dénombrement des vaisseaux que l'Empereur lui avoit donnés, il étoit leur dépendant. Il étoit question encore de l'indemnisation que le Nonce de Guzman, ci-devant Président, avoit été condamné d'accorder à Cortez, ce qu'on différoit de faire, partie par respect pour le poste qu'il avoit occupé, & partie pour contrecarrer Cortez. Il y avoit eu par le passé quelque mésintelligence entre Cortez & le Viceroi. Il est vrai qu'ils se raccommodèrent en 1538, mais elle recommença dans cette occasion. Tous les droits de Cortez étoient discutés dans les Cours de Judicature, & il les voyoit décidés d'une manière différente de celle dont il avoit décidé du sort des Royaumes & des Empires, & il se trouvoit plus embarrassé parmi les Solliciteurs, les Conseillers & les Avocats, qu'il ne l'avoit été au milieu d'une foule innombrable d'ennemis à Otumba & à Mexico. Il reconnut alors la sagesse du Conseil qu'il donna quelques années après à l'Empereur, de ne point souffrir qu'aucun homme de robe-longue entra dans la Nouvelle-Espagne.

Cependant le Viceroi Mendoza fut flatté d'une conquête, dans laquelle il s'imaginoit acquerir plus de réputation & de richesses que Cortez n'en avoit acquis dans la sienne, sans être obligé de maltraiter les Indiens. Comptant donc sur la patience de Cortez, & sur sa fidélité en qualité de vassal, il donna ordre de faire deux puissans armemens, l'un par mer, l'autre par terre dans le dessein de conquérir les contrées & les îles situées au Nord de Mexico. Il donna le commandement de la flotte au Capitaine François de Alarçon, avec ordre de ranger la côte, & de se joindre par la latitude de 52e degré, aux forces de terre, conformément au conseil qu'avoit donné le Religieux. L'armée étoit commandée par le Viceroi en personne, & Cortez resta au Mexique, protestant en vain contre cette entreprise, & se plaignant hautement de l'injure qu'on lui faisoit. Cependant les représentations des Auditeurs, jointe à la perplexité dans laquelle se trouvoit le Gouvernement, firent que le Viceroi changea d'avis, & donna le commandement des troupes de terre à François Vasquez Coronado. Cet Officier partit de Mexico à la tête de mille hommes d'élite, avec toutes les choses nécessaires pour la conquête & l'établissement qu'il méditoit de faire. Les Franciscains lui servoient de guides. Il s'avança donc dans cet état trois cens lieues au-delà de Culiacan, par le chemin de Cinaloa, & de la vallée de Sonora, & arriva, après des difficultés incroyables au lieu de sa destination. Il trouva sept villes qui composoient une Province ou un Royaume, appellé Cibola, dans lesquelles il n'y avoit que quatre cens hommes. Ils donnèrent à la plus grande, qui est dans le pays du Viceroi, le nom de Grenade. Elle étoit composée de deux cens maisons bâties de terre & de bois brut, qui avoient quatre à cinq étages, dans lesquelles on montoit par un escalier de bois, qu'on retiroit la nuit. Le pays étoit fort pauvre; ou n'avoit rien du moins qui pût flater des gens qui s'en étoient fait une idée aussi magnifique, quoiqu'il fût très propre à produire du fruit & toutes sortes de grains. Ils n'y eurent pas plutôt resté un mois, qu'ils commencèrent à penser à Mexico; mais ne voulant point s'en retourner les mains vuides, & sans avoir tenté quelque entreprise, Don Garci Lopez de Cardena s'avança avec son corps de Cavalerie vers la mer, & le Général Vasquez Coronado se porta à Tigue, sur une rivière où il s'enquit de Patarrax, Roi d'Axa & de Quivira, & on lui fit un si beau portrait de ses Etats, qu'un corps d'Espagnols s'y rendit, & arriva, après avoir fait 300 lieues de plus, dans un pays plus plat, mais mal peuplé. Quivira, ainsi qu'on le leur avoit dit, est situé par le 40 ^{e}. degré dans un pays abondant en gibier & en fruit. Mais ses richesses ne consistent que dans certains troupeaux de bêtes à cornes, dont ils tirent leur nourriture, leurs meubles & leurs habillemens. D'autres prétendent cependant que la plûpart vouloient s'y établir, mais que Vasquez, qui avoit envie de retourner à Mexico, pour les en dégouter, leur fit un portrait desavantageux du pays. Gomara ajoute qu'ils virent le long de la côte des vaisseaux dont la prouë étoit ornée de figures d'or & d'argent; & qu'ils conjecturèreut qu'ils venoient de Cathai ou de la Chine, leur ayant fait entendre par des signes qu'ils avoient été trente jours sur mer. A la fin, éclaircis par les maladies, épuisés par la faim, & découragés par les fatigues qu'ils avoient essuiées, ils prirent le parti de retourner à Mexico, où ils arrivèrent, après une absence de trois ans, au mois de Mars de l'année 1542.

Jean de Padilla & un autre Religieux, un Portugais, & quelques Indiens de Mechonau, restèrent à Tigue. Les deux Religieux firent un second voyage à Quivira, & y furent tués avec quelques Indiens. Le Portugais eut le bonheur d'échapper, & revint à Panuco longtems après.

Telle fut l'expédition de l'armée de terre. François de Alarçon mit en mer en 1540 avec les vaisseaux qu'il commandoit, avec ordre de joindre Vasquez, par la latitude de 36 degrès. Il fit voile pour la Californie, & étant arrivé au lieu marqué, il attendit longtems l'armée sans qu'elle parût, quoiqu'elle ne fût qu'à dix lieues de marche. Le terme de ses instructions étant expiré, il planta plusieurs croix sur le rivage, & enterra au pied des bouteilles dans lesquelles étoient des étiquettes qui marquoient le jour, le mois & l'année de son arrivée, & s'en retourna dans la Nouvelle-Espagne, où il trouva une flotte plus nombreuse, & le Major-Dome du Viceroi. Ainsi finit cette expédition navale, sans autre circonstance remarquable que la disgrace de François Alarçon, qui auparavant étoit le favori du Viceroi, & qui se retira sur les terres de Cortez, où il mourut quelque tems après de chagrin.

Le Viceroi employa dans cette entreprise, qui fit tant de bruit, jusqu'au moment qu'on en reconnut l'abus, non seulement son autorité & ses richesses, mais augmenta encore par un coup de fine politique sa puissance & son parti, en privant Cortez de son principal support. Pierre de Alvaredo commandoit alors en chef dans la province de Guatimala. Il l'avoit conquise & peuplée

peuplée par ordre de Cortez, à la fortune du quel il avoit toujours été attaché. Comme sa présence n'étoit plus nécessaire dans le pays, vû le bon ordre qu'il y avoit établi, il eut ordre de se rendre au Pérou avec sept vaisseaux, & d'aider Pizarro dans la conquête de Quito, qui passoit pour être infiniment plus riche que Cusco. il revint de cette expedition avec quantité de présens que Pizarro & Almagro lui avoient faits, plus flatés de son depart, que du secours qu'il leur avoit procuré, ne pouvant supporter son humeur impérieuse & hautaine. Cet argent, joint à celui qu'il avoit levé dans sa province en opprimant les Indiens, réveilla son ambition; & comme il ne comptoit pour rien les liens sacrés de la réconnoissance & de l'amitié, n'étant plus retenu par le respect qu'il devoit à Cortez comme à son Chef, il forma le dessein de lui enlever les découvertes de la Mer du Sud. Pour cet effet il sollicita une commission auprès de l'Empereur, qui la lui accorda d'autant plus aisément, qu'il étoit extrêmement jaloux de cette découverte,

Tome I. R

& qu'il commençoit à se méfier de Cortez, que ses ennemis accusoient de ne point remplir ses engagemens; mais à condition qu'il ne troubleroit point les Portuguais dans leurs possessions. Alvaredo ayant reçu sa commission, prépara dans sa province un armement supérieur à tous ceux que Cortez avoit jamais fait dans ces mers. Il fit construire douze vaisseaux de haut-bord, une galère & quelques autres petits batimens, qu'il eut soin de pourvoir d'hommes, de chevaux, d'artillerie, d'armes, & de toutes les provisions nécessaires. L'équippement de cette flote le jetta dans de si grandes dépenses, qu'indépendamment d'une bonne partie de son bien & des levées d'argent qu'il fit dans sa province, il fut obligé de recourir à la bourse de quelques-uns de ses amis. Son dessein étoit de se rendre aux Indes & aux îles des Epices, & de faire, chemin faisant, des découvertes le long de la Californie & du cap des Baleines, conformément au plan de son premier Commandant. Ayant pris le titre de Général de la flote, il fit voile l'an 1538 pour la Purification, pour y prendre de l'eau, des troupes & des provisions. Le Viceroi ne tarda pas à être instruit de ses démarches, & jugeant des autres par lui même, il ne douta plus qu'Alvaredo n'abandonnât son ancien patron. Il comprit qu'il étoit de son intérêt de l'attirer dans son parti, & pour prévenir les suites funestes que pourroit avoir sa reconcilation avec Cortez, il lui envoya une lettre par un Exprès, qui devoit l'attendre au lieu du rendez-vous. L'empressement qu'il marqua de conclurre cette association, surpassa l'attente du Viceroi; si bien que pour ne point perdre de temps, il fit partir sur le champ son Majordome Augustin Guerrero & Don Louis de Castille. Durant ce congrès, François de Alarçon arriva au hâvre de la Purification, de son expedition à Cibola, comme je l'ai observé ci-dessus.

Pour mettre la derniere main au contrat, on convint que le Viceroi & Alvaredo auroient une entrevue à *Chinibitio*, ville de Mechoacan; & en conséquence, le Viceroi s'y rendit en pos-

R ij

te de Mexico. La conférence finie, ils furent tous deux voir la flote, & retournèrent de-là à Mexico, pour nommer celui qui devoit la commander en chef; ce qui fut un point sur lequel ils ne purent s'accorder, chacun voulant donner le commandement à sa créature. Alarçon fut rappellé à Guatimala, où l'on avoit besoin de sa présence pour des affaires relatives à la province, & pour faire les préparatifs pour l'expedition. Pendant le tems que durèrent ces préparatifs, chacun blâma hautement le procedé d'Alvarado envers Cortez, à qui il étoit entièrement redevable de sa fortune. Le Viceroi & Cortez en vinrent aux extrémités les plus indécentes, & le dernier voyant qu'il n'avoit aucune justice à attendre dans la Nouvelle-Espagne, résolut de faire un second voyage en Europe, pour l'obtenir de la justice & de la bonté de l'Empereur. Pour cet effet il s'embarqua pour l'Espagne avec ses deux fils l'an 1540; accompagna l'Empereur dans la malheureuse expédition d'Alger; & après avoir passé sept ans à la Cour, dans l'attente de voir expédier ses affaires, que l'on prolongeoit à dessein de l'empêcher de retourner, il mourut enfin le 2 de Décembre 1547, à Castilleja de la Cuesta, comme il alloit à Cadiz pour y joindre sa fille. C'etoit un homme vraiment digne d'une réputation immortelle, & qui ne le cédoit en rien aux plus fameux heros de l'Antiquité. S'il a eu quelques défauts, on peut dire qu'ils sont cachés par l'éclat d'un grand nombre de vertus politiques, militaires & chrétiennes, & sur-tout par son zèle ardent pour la propagation de la Religion. Si dans le temps de la conquête, les Indiens ont été traités avec trop de sévérité, on ne doit s'en prendre qu'à la necessité, & à la fureur du soldat, qu'on n'est pas toujours le maître de contenir. Dans toutes les occasions où il a agi par lui même, il s'est toujours distingué par la bonté de son cœur. J'avoue qu'on ne peut entiérement le justifier à l'egard de la circonstance précédente, non plus que sur le meurtre des grands du Mexique à la bataille d'Hibueras; aussi la Providence voulut-elle l'humilier, en le privant pen-

R iij

dant le reste de sa vie des succès qu'il avoit eus jusqu'alors, & en lui suscitant sur la fin de ses jours un cahos de troubles & de contretemps.

Pierre Alvaredo, profitant de l'absence de Cortez, hâta les préparatifs pour son entreprise avec moins de réserve. C'etoit à Guatimala qu'on les faisoit, & après qu'ils furent finis, il se rendit par terre au Port de la Nativité pour s'embarquer, & prendre le commandement de la flote. A son arrivée, il reçut des lettres de Christophe de Oñate Lieutenant-Gouverneur de Xalisco sous Vasquez Coronado, qui étoit pour lors à Cibola, par lesquelles il lui marquoit, que les Indiens l'avoient investi, & que s'il ne se hâtoit de venir à son secours, c'en étoit fait de lui & des troupes qui l'accompagnoient. Il importoit extrêmement pour cette entreprise, que le port de Xalisco fût libre; il convenoit encore par égard pour le Gouverneur, qui étoit absent, & encore plus pour le Viceroi qui l'envoyoit, qu'Alvaredo fût au secours d'Oñate, & arrivât à tems pour le dégager. Cependant les Indiens continuoient la guerre avec un acharnement & une intrépidité extraordinaires, & quelques uns s'etant postés sur des rochers escarpés, Alvaredo s'avança à la tête d'un détachement de cavaliers & de fantassins pour les déloger. Les Espagnols, animés par l'exemple d'Alvaredo les attaquèrent ; mais les Indiens firent rouler plusieurs grosses pièces de rochers dont le poids secondé de la pente du terrein, écrasa plusieurs soldats, & renversa bon nombre de chevaux dans des précipices. Un de ces rochers vint tomber près d'Alvaredo, lequel avoit mis pied à terre pour s'en garantir; mais ayant atteint son cheval, il le renversa sur lui, & ils roulèrent tous deux du rocher en bas. Il fut tellement froissé dans sa chute, qu'il mourut quatre jours après à Ezatlan à dix lieues de Guadalaxara, & 300 de Guatimala l'an 1541. Telle fut la fin tragique de Pierre Alvaredo, lequel s'est rendu plus célèbre par ses talens militaires, que par la sagesse de son gouvernement. Heureux pendant sa vie, & malheureux à sa mort ; plus avide d'honneur, que de solide gloire;

hardi & licencieux dans ses discours, & qui ne connoissoit d'autre principe que l'intêret. Il opprima si cruellement les Indiens, que quantité de gens ont regardé ses malheurs & ceux qui arrivèrent à sa famille, comme un châtiment de la conduite qu'il tint. Au mois de Septembre de la même année, la ville de Santiago de Guatimala fut entièrement détruite par un orage & une inondation, dans la quelle Dona Beatriz de la Cueva se noya. Dias del Castillo à fait son apologie. Elle avoit deux fils, dont l'un appellé Pedro, se noya en retournant en Espagne ; le second, qui s'appelloit Diégo, fut tué au Pérou. Ces deux freres furent tous deux malheureux, & il en fut de même de tous ceux qui eurent part à la conquête de ce pays.

La grande flote étoit prête à mettre à la voile ; mais semblable à un corps sans tête, elle fût réduite à rien ; car on abandonna les vaisseaux, & ils périrent dans le port. Telle fut la fin d'une expédition, qui pendant longtems, avoit tenu en suspens & même allarmé le Nouveau-Monde.

Le Viceroi Don Antoine de Mendoza, fut d'autant plus fâché de la cataſtrophe d'Alvaredo & de la flote, qu'il étoit hors d'état de la rétablir; outre que la depenſe de ces deux expéditions retomboit entièrement ſur lui. Pour comble de malheur, Vaſquez Coronado revint au commencement de l'année ſuivante 1542, ſans avoir remporté aucun avantage. On doit cependant dire à ſa louange qu'il avoit l'ame trop noble & trop élevée pour ſe laiſſer abattre à ces contretemps, & que malgré ſon ardeur à tenter les entrepriſes qui leur promettoient de la gloire & de l'avantage, il étoit extrèmement zélé pour la propagation de la foi & la prédication de l'Evangile parmi ces nations idolâtres : il étoit fermement perſuadé que ſi l'on pouvoit une fois établir un commerce & pouſſer les conquêtes du côté de la Mer du ſud & dans les contrées Orientales des Indes, ſans toucher aux Moluques, il en réſulteroit un avantage infini pour l'Etat. Il comprenoit que pour grandes que fuſſent les difficultés, il n'étoit point impoſſible de les ſurmonter ; mais malheureusement pour lui, il manquoit aux sages règlemens qu'il avoit fait pendant son administration, dont les fruits sont certains & solides, quelque exploit signalé qu'on pût ajouter à tant d'autres qui avoient illustré la maison de Mendoza, dans laquelle on comptoit dans ce temps là plusieurs personnages fameux par leur savoir & leurs talens militaires. Animé par ce motifs, il résolut cette même année 1542, d'exécuter trois entreprises également glorieuses & utiles. La première étoit d'aller réduire lui-même les Indiens de Xalisco & de la Nouvelle Galice, qui s'étoient révoltés après la mort d'Alvaredo, réduction d'autant plus nécessaire, que ce n'étoit qu'en traversant cette province, que l'on pouvoit pousser les conquêtes qu'on méditoit dans le Nord. La seconde étoit d'envoyer des vaisseaux pour reconnoitre la côte extérieure ou occidentale de la Californie & de l'Amérique. La troisième, d'en envoyer d'autres pour faire des découvertes & des établissemens dans les îles, qu'on appelloit alors du Ponent, & qu'on a depuis appellées Mariannes & Philippines, parce qu'elles font plus près de l'Amérique que des Moluques.

La plus grande partie de la Nobleſſe de la Nouvelle-Eſpagne l'accompagna dans la première expédition, & il rétablit dans peu de tems la tranquillité dans le pays par ſon courage, ſa douceur & ſa prudence. Pour la ſeconde & la troiſième, on radouba les vaiſſeaux de l'infortuné Alvaredo qui avoient été endommagés. Jean Rodriguez Cabrillo, Portugais, homme diſtingué par ſon courage, ſa probité & ſon experience dans la marine, partit avec deux de ces vaiſſeaux pour exécuter la ſeconde entrepriſe. Les cinq autres compoſoient une flote, dont-il donna le commandement à Ruy-Lopez de Villa-Lobos, natif de Malaga, gentilhomme doué des talens néceſſaires pour cette expédition, dont le but étoit de découvrir les îles Philippines. Il mit à la voile après le Portugais le jour de la Touſſaints, du Port de la Nativité, & faiſant directement route à l'Oueſt, il rencontra les îles des Larrons, d'où il ſe rendit à l'île de Mindanao & dans d'autres îles qui composent l'Archipel des Philippines. Cette expédition ne fut pas aussi heureuse qu'il se l'etoit promis ; il essuia plusieurs contretemps, & après avoir perdu la plupart de ses vaisseaux, il fut obligé de relâcher aux Moluques. Les Portuguais établis à Ternate & Tidor le reçurent si mal, qu'il mourut de chagrin à Amboine l'an 1546. Le Religieux & quelques laïques, tristes restes de cette expédition, obtinrent des Portugais la permission de retourner en Espagne par la voie des Moluques, de Goa, & du cap de Bonne-Espérance.

On ne fit aucune autre expédition pour ces îles jusqu'à l'année 1546, que Michel Lopez de Legazpi, accompagné du célébre Religieux André de Urdaneta, eut un meilleur succès, & forma un établissement dans les Philippines sous le second Viceroi Don Louis de Velasco.

Jean Rodriguez Cabrillo avec ses deux vaisseaux, partit du même port de la Nativité le 27 de Juin, pour aller faire des découvertes au Nord ; il toucha à la baie de Sainte-Croix dans la Californie, autrement appellée Puerto del Marques-del-Valle, depuis que Cortez y eut été: il la trouva située par le 24ᵉ degré de latitude. Continuant à suivre la côte occidentale, il arriva dans une baie, à laquelle il donna le nom de la Magdeleine, située par le 37ᵉ degré; & au 32ᵉ il doubla le cap del Engaño; celui de la Croix aux 33ᵉ, & celui de la Galère au 36ᵉ & ½, il trouva vis-à-vis de ce dernier deux grandes îles éloignées de 10 lieues de la côte, où on lui dit qu'à quelque distance de-là il y avoit une nation qui portoit des habits. Par le 37ᵉ degré ½ il apperçut quelques montagnes couvertes d'arbres, auxquelles il donna le nom de Saint-Martin, de même qu'au cap qui est au pied. Au-delà de ce cap jusqu'au 40ᵉ degré, la côte gît N. E. & S. O; & vers le 40ᵉ il vit quelques montagnes couvertes de neige, & entre deux un gros cap, qu'il appella Mendoza ou Mendezino, en l'honneur du Viceroi qui l'avoit envoyé. Il y avoit tout auprès une baie spacieuse, à laquelle il donna le nom de *Pinos*, à cause de la multitude de pins qui croissent auprès, & qui sont d'une hauteur extraordinaire. Au mois de Janvier 1543, il arriva au Cabo de Fortuna, lequel est situé par le 41ᵉ degré; & le 10ᵉ de Mars il se trouva au 44ᵉ degré de latitude, par un froid très-perçant. Le défaut de provisions, & le mauvais état de ses vaisseaux, l'empêchèrent de pousser plus loin; il retourna sur ses pas, & rentra le samedi 14ᵉ d'Avril dans le port de la Nativité; disant qu'une pareille entreprise demandoit des vaisseaux plus forts & de plus gros port, & quantité de provisions, vu la difficulté qu'il y avoit de s'en procurer.

Je me suis arrêté à décrire la situation & les noms des principaux endroits que l'on découvrit dans ce voyage, pour qu'on puisse les comparer avec les découvertes qu'on a faites depuis, & sur tout parce que plusieurs auteurs oublient ou confondent cette expédition, qui fut la dernière qu'entreprit cet excellent pilote au Nord de la mer du Sud.

L'an 1551, Don Antoine de Mendoza, au grand regret des Espagnols & des Indiens, fut promu de la viceroyauté du Mexique à celle du Pérou ; de manière que son absence suspendit pendant plusieurs années les expéditions qu'on méditoit dans la Californie. La nouveau Viceroi Don Louis de Velasco, voulant se procurer un bon port sur la côte occidentale pour les vaisseaux des Philippines fit partir un vaisseau appellé le Saint-Augustin, lequel retourna peu de tems après sans avoir rien fait.

L'an 1596, Don Gaspard de Zunniga, comte de Monte-Rey, Viceroi de Mexico, reçut un ordre de Philippe II de faire des decouvertes & des établissemens dans la Californie. Les Anglois profitant de notre négligence pour se rendre maîtres de la mer, le fameux François Drake avoit répandu la consternation sur les côtes de la mer du sud, & même fait une établissement dans la Californie, auquel il donna le nom de Nouvelle-Albion, comme appartenante à la Couronne d'Angleterre. Son exemple fut suivi de plusieurs de ses compatriotes, entr'autres de Thomas Cavendish, qui s'etant fortifié sur la côte, génoit beaucoup notre commerce aux îles Philippines. On parloit encore beaucoup dans ce temps-là du détroit d'Anian, par lequel on prétendoit que la Mer du sud communiquoit avec celle du nord près de Terre-Neuve; & si jamais les Anglois se fussent frayé un passage de ce côté, ils auroient infailliblement envahi nos domaines & ceux des Portugais dans l'Inde, toute la côte depuis Acapulco jusqu'à Culiacan étant sans défense, & n'y ayant depuis Culiacan au Nord aucun établissement sur la côte. D'ailleurs on n'avoit point oublié la quantité de perles que produisent ces mers. Mais le principal motif, & celui qui faisoit le plus d'impression sur le cœur de ce pieux Monarque, étoit la propagation de l'Evangile, & la compassion qu'il avoit pour tant de millions d'ames plongées dans ténèbres de l'idolatrie faute de Missionnaires, & que le Saint-Siége avoit recommandées à sa piété.

La Cour

La Cour donna la conduite de cette expédition au Général Sébastien Viscaino, homme d'un courage & d'une prudence consommée. Il étoit non seulement bon soldat, mais encore très-bon marin, & d'ailleurs d'une douceur & d'une affabilité qui le rendoient très-propre à diriger une entreprise, laquelle est ordinairement accompagnée de quantité des circonstances désagréables, que les équipages ne manquent jamais d'imputer au Commandant. Tous les préparatifs étant faits, le Général Viscaino partit d'Acapulco avec trois vaisseaux, à bord desquels étoient quatre Religieux de l'Ordre de Saint-François. Il se rendit d'abord aux Isles de Mazatlan, & au port de Saint-Sébastien, où il fit aiguade : de-là traversant le Golfe, qu'ils trouvèrent large de 80 lieues, ils débarquèrent sur la côte Orientale de la Californie, sans trouver la moindre résistance de la part des Indiens, quoiqu'il en fût accouru un grand nombre sur le rivage. Mais le pays ne leur plaisant point, ils vinrent dans un autre port, qu'ils appellèrent Saint-

Sébastien, où ils arborèrent le pavillon Royal, pour marquer qu'ils en prenoient possession au nom du Roi. Ils y restèrent huit jours, pendant lesquels ils envoyèrent quelques soldats pour reconnoître le pays. Les naturels du pays, loin de leur faire de la peine, leur apportèrent du gibier & du fruit, qui font leur seule nouriture, & des perles dont ils trafiquent. Le Général ne jugea pas à-propos d'y faire un établissement, parce qu'il n'y avoit point d'eau & que le terrein étoit extrêmement stérile; il envoya le vaisseau que montoit le Chef d'Escadre plus loin pour chercher un lieu plus convenable, & la flote se rendit dans celui qu'on a depuis appellé de la Paz, à cause de la manière douce & polie dont ils furent accueillis par les Indiens de cette baie. Ils y mirent une garnison, qu'ils fortifièrent d'une palissade; ils y élevèrent aussi une petite Eglise & quelques hutes avec des branches d'arbres, lesquelles servirent de fondement à la capitale de cette nouvelle acquisition. Les naturels du pays, gens simples & ingenus, apportèrent à la garnison du fruit, du poisson & quelques perles. Les Religieux s'attachèrent aussi-tôt à gagner leur affection, & leur expliquèrent du mieux qu'ils purent les mystères de la Religion Chrétienne : ils distribuèrent quelques petits présens aux enfans, dont il y avoit un très grand nombre, & cela joint aux caresses qu'ils leur firent, acheva de leur gagner l'amitié des habitans. Ils se plaignoient aux Religieux des injures que leur faisoient les soldats, qui entr'autres outrages, leur enlevoient des force ce qu'ils avoient, mal qui n'est que trop commun dans toutes les nouvelles découvertes, mais à plusieurs égards de très-mauvaise conséquence. Ils demandoient aux Pères s'ils n'étoient point fils du Soleil, les regardant comme des Divinités ; ils les conjuroient de rester parmi eux, mais de renvoyer les soldats, comme des hommes cruels & inhumains. Ils furent saisis d'admiration la première fois qu'ils assistèrent à la Messe; ils exécutoient ponctuellement les ordres que les Religieux leur donnoient & se montroient par toute

S ij

leur conduite humains, dociles & difposés à embraffer la foi Chrétienne. Mais le Général ne tarda pas à s'appercevoir que le pays n'étoit pas affez fertile pour nourrir un fi grand nombre d'hommes. C'est pourquoi, voulant s'acquitter entièrement de la commiffion qu'il avoit de faire des découvertes, il envoya le Chef d'Efcadre avec une chatte pour reconnoitre les côtes & les îles qui étoient plus avancées vers le Nord. Ceux qui montoient ces vaiffeaux, defcendoient à terre, lors qu'ils voyoient du monde; & fi on les recevoit paifiblement, ils parcouroient le pays en ordre de bataille. Lorfqu'ils trouvoient quelque oppofition, ils fe rembarquoient, & continuoient leur route : ils firent 100 lieues de la forte. Etant-arrivés dans la partie la plus feptentrionale du pays, ils mirent 50 foldats à terre pour aller à la decouverte, lefquels ayant vu qu'elle ne valoit pas mieux que celles où il avoient été, reprirent le chemin de leurs vaiffeaux. Les Indiens croyant qu'ils s'enfuyoient, leur tirèrent plufieurs fléches; les Efpagnols ayant fait volte face tirerent sur eux, en blesserent quelques-uns & en tuèrent trois ou quatre sur la place; sur quoi les autres prirent la fuite. Cependant les soldats coururent à leur chaloupe pour regagner le vaisseau, qui faute d'eau étoit resté à un quart de lieue de la côte. Comme la chaloupe ne pouvoit contenir que 25 hommes, les autres furent obligés de rester, en attendant qu'on vînt les chercher. Sur ces entrefaites environ 500 Indiens se mirent en embuscade, attendant l'occasion de faire leur coup. La chaloupe revint, & comme ils s'embarquoient pêle-mêle sans se méfier de rien, les Indiens sortirent de leur embuscade en jettant un grand cri; les soldats s'empressant d'y entrer, elle se renversa, & ils tombèrent dans l'eau, de manière que leurs armes leur devinrent inutiles. Il périt dix-neuf Espagnols dans cette occasion, dont les uns se noyèrent, & les autres furent tués par les Indiens, faute de pouvoir se défendre. Ceux qui étoient à bord, quoique touchés de leur malheur, ne purent les secourir; il y en eut cependant quelques-uns qui régagnèrent le vaisseau à la nage. Le défaut de provisions les avoit déjà fait résoudre à s'en retourner ; s'ils en avoient eu davantage, ils auroient pû reconnoitre les parties les plus reculées du golfe. Ce malheur les détermina à aller rejoindre la garnison, & ils y arrivèrent épuisés de fatigue, après avoir tenu la mer un mois entier. Le Général Viscaino y étoit pour lors, mais si dénué de vivres, qu'il n'avoit pas même assez de maïz pour les nourrir dans leur passage au continent. Comme ils ne sçavoient où en prendre, on résolut dans un conseil de guerre, d'abandonner entièrement cette conquête, & de n'y laisser aucun colon ; & en conséquence, ils retournèrent dans la Nouvelle-Espagne à la fin de la même année 1596.

On envoya un détail de l'issue de cette expédition à la Cour, lequel y arriva aussitôt après l'avènement de Philippe III au Trône, Philippe II son père étant mort le 23 de Septembre 1598.

SECTION VI.

Ordre remarquable de Philippe III. Autres expéditions dans la Californie jusqu'au regne de Philippe IV.

LEs motifs politiques qui engagèrent Philippe II à ordonner la conquête de la Californie, subsistoient encore dans le tems que Philippe III monta sur le trône, & devenoient de jour en jour plus pressants. Le nouveau Roi avoit hérité de la piété & du zèle de son père, & n'eut pas moins à cœur que lui la propagation de la foi; il étoit d'ailleurs bien-aise d'assurer la Navigation aux Philippines; car les vaisseaux qui révenoient de ces îles dans la Nouvelle-Espagne, étant obligées de venir reconnoitre le cap Mendozino, & les vents de Nord Ouest étant très violens dans ce parage, il convenoit d'avoir un port près de ce cap où ils pussent se ravitailler, & faute de l'avoir, quantité de vaisseaux avoient péri, & ceux qui arrivoient à

Acapulco, étoient dans un état déplorable. En conséquence, le 27 de Septembre 1599, il donna ordre au Comte de Monte-Rey de prendre au Tréfor royal les fommes néceffaires pour former un établiffement dans la Californie, lui enjoignant en outre de faire reconnoître la côte occidentale de la mer du fud, au lieu de la côte orientale du golfe. Le Viceroi, après avoir mûrement pefé toutes les circonftances, pour affurer le fuccès d'une entreprife dont la difficulté paroiffoit affez par les mauvais fuccès qu'on avoit eus durant tout le fiècle précédent, nomma pour commandant en chef, le même Sebaftien Vifcaino qui avoit conduit la dernière expédition, & ne négligea rien pour affurer le fuccès de celle qu'il alloit entreprendre. Le Général Vifcaino partit le 5 de Mai 1632 du port d'Acapulco avec deux vaiffeaux, une frégate, & une barque longue, menant avec lui trois Carmes-Déchaux, dont l'un, favoir le Père Antoine de l'Afcenfion, a donné une relation particulière de l'expédition, dont Torquemada a fait un

extrait

extrait que j'ai inféré à la fin de mon ouvrage. Le lecteur pourra se contenter en attendant de lire la narration succinte, mais intéressante, contenue dans le brevet que je vais rapporter, part laquelle il conste qu'il reconnut exactement la côte jusqu'au cap Mendozino, lequel gît par le 40ᵉ degré; & même le cap Blanc de Saint-Sebastien, qui est situé au 41ᵉ degré & ½. Avant d'arriver dans ces endroits, il découvrit un hâvre spacieux près du cap des Pins (*Punta de Pinos*) lequel lui parut extrêmement commode pour les vaisseaux, & qu'il nomma le Port de Monte-Rey, en l'honneur du Viceroi qui l'avoit envoyé. Cependant, voyant qu'il lui étoit impossible de tenir plus long tems la côte, il reprit le chemin de la Nouvelle-Espagne, & arriva à Acapulco au mois de Mars 1603.

Les fatigues, les détresses, les maladies & les dangers qu'il essuia dans ce voyage, suffisoient pour décourager l'homme le plus résolu. Cependant le Général Viscaino, animé par la gloire & les avantages qu'il se promettoit de cette conquête, sollicita fortement le Viceroi de lui permettre de faire une nouvelle expéditon à ses dépens; mais jugeant avec raison qu'il ne devoit rien entreprendre sans la permission de Sa Majesté, il se rendit en Espagne pour solliciter cette affaire en Cour. Il présenta au Roi un Mémoire dans lequel il lui exposa avec les plus vives couleurs les avantages de cette expédition. Le Conseil souverain des Indes, instruit du peu de succès qu'avoient eu les deux expéditions précédentes, & des dépenses immenses qu'elles avoient occasionné, attendit pour s'y déterminer qu'on eût reçu des nouvelles informations, persuadé qu'on ne pouvoit agir avec trop de circonspection dans une affaire de cette importance ; de manière que le Général Viscaino, dont le courage & la capacité ne trouvoient rien d'insurmontable sur terre & sur mer, se trouva arrêté dans cette occasion, par l'inconstance, les intrigues & les traverses qu'il eut à essuier de la part des Courtisans : il quitta la Cour très mécontent, & retourna dans la Nouvelle-Espagne, où il passa le reste de sa vie dans le repos & la retraite. Cependant, les suites justifièrent bien-tôt la lenteur qui avoit précédé la resolution; car à peine le Général eut-il quitté l'Espagne, que le Roi signa le 19e d'Août 1606 deux commissions, adressées à Don Juan de Mendoza & Luna, Marquis de Montes-Claros, nouvellement promu à la Viceroyauté du Pérou, & Don Pedro de Acunna, gouverneur & Capitaine général des îles Philippines. Elles sont conçues avec tant de prudence, & contiennent des remarques si judicieuses sur l'importance & la disposition nécessaire pour le succès de l'entreprise, qu'elles méritent d'être rendues publiques ; d'autant plus qu'elles servent à confirmer ce que j'ai dit. Je vais donc rapporter ici fidellement celle qui fut adressée à Don Pedro de Acunna.

DE PAR LE ROI.

Don Pedro de Accunna, Chevalier de l'ordre de Saint Jean, Gouverneur, Capitaine Général & Président de l'Audience Royale des îles Philippines :

Vous sçaurez par cette présente, que Don Louis de Velasco, mon Viceroi dans la Nouvelle-Espagne, considérant la grande distance qu'il y a entre le port d'Acapulco & ces îles, les fatigues, les travaux & les dangers qu'on essuye dans ce voyage, faute d'un port où les vaisseaux pussent relâcher & se pourvoir d'eau, de bois, de mâts, & d'autres choses absolument nécessaires, se détermina à faire reconnoître & lever la côte comprise entre la Nouvelle-Espagne & ces îles, en y joignant des observations sur les ports qui s'y trouvent, & envoya pour cet effet un vaisseau appellé le Saint-Augustin, dont la perte suspendit cette découverte. Que le comte de Monte-Rey, qui lui succéda dans ce gouvernement, ayant la même opinion que lui des inconvéniens de ce voyage, & le même zele pour les faire cesser, en continuant la découverte que méditoit Don Louis de Velasco, m'écrivit à ce sujet, me marquant, que les petits vaisseaux d'Acapulco étoient les plus convenables, & que l'on pouvoit comprendre dans cette reconnoissance les côtes & les baies de la Californie, de même que celles de la Pêcherie. Je lui fis répondre le 27 de Septembre 1599 que les découvertes, les cartes & les observations relatives à cette côte & à ses baies, me paroissant très utiles, ma volonté étoit qu'il y procedât aussitôt, sans s'embarrasser de la Californie, qu'autant que le hazard l'y obligeroit. En conséquence, il nomma pour cette entreprise Sébastien Viscaino, pilote experimenté & parfaitement au fait du voyage en question, en qui il avoit une entière confiance, lequel avec deux vaisseaux & une chatte, pourvus pour un an de toutes les provisions nécessaires, s'embarqua aussitôt avec un nombre suffisant de matelots & de soldats, & un habile Cosmographe versé dans la construction des cartes, pour pouvoir lever avec toute la clarté & l'exactitude possible les lieux qu'on découvriroit. Muni des ordres & des instructions nécessaires, il partit du port d'Acapulco le 5e de Mai 1602, suivant l'avis que m'en donnèrent ledit Comte de Monte-Rey & Sébastien Viscaino; lequel après plusieurs lettres, dont la dernière étoit du dernier d'Avril 1604, m'informoit qu'il avoit été onze mois en chemin, & qu'au sortir dudit port, il avoit commencé à faire sonder & lever la carte des hâvres, criques & baies, jusqu'au 27ᵉ degré, avec toute la précision & l'exactitude nécessaires. Que depuis le 26ᵉ degré jusqu'au 42ᵉ n'ayant pu prendre terre, il n'avoit pu faire les mêmes observations qu'il avoit faites jusqu'au 27ᵉ degré. Plusieurs de ses gens étant tombés malades, & le tems ne l'ayant point favorisé il ne put observer autre chose sinon, que la côte jusqu'au 40ᵉ degré, gît nord-ouest & sud-est : & que dans les deux autres degrés, savoir jusqu'au 42ᵉ elle gît presque nord & sud. Il ajoutoit, qu'entre l'embouchure du golfe de Californie & le 37ᵉ degré, il avoit trouvé trois bons ports sur le continent ; savoir San-Diégo, par le 32ᵉ degré, avec un autre plus petit qui lui est contigu ; celui de San-Diégo, qui est très-spacieux & capable de contenir un grand nombre de vaisseaux ; & un troisième, appellé Monte-Rey, qui est encore meilleur, & beaucoup plus commode pour les Gallions de la Chine, & pour les vaisseaux qui vont dans ces îles ; il est situé par le 37ᵉ degré de latitude septentrionale ; l'eau & le bois y sont meilleurs & plus abondants que dans l'autre, il est à l'abri des vents, il y a le long du rivage quantité de pins propres pour la mâture, & il est commodément situé pour les vaisseaux qui reviennent des îles Philippines ; de manière qu'on cas de tempête, ils ne sont point obligés de mouiller au Japon, comme ils ont été obligés de le faire plusieurs fois, ce qui les a constitués dans des dépenses immenses. D'ailleurs, ils ne perdent jamais de vue la côte de la Chine, ce qui est un autre avantage, vu que sçachant l'endroit où ils sont, ils peuvent se dispenser d'aller au Japon ou dans ces îles, les mêmes vents qui les y mènent, les conduisant aussi dans ce port. Ils disent de plus que le climat est doux, le pays couvert d'arbres, le sol fertile & bien peuplé ; que les naturels sont humains, & si dociles, qu'il sera aisé de les convertir à la Religion Chrétienne, & de les rendre sujets de ma Couronne. Qu'ils se nourrissent des fruits que la terre produit naturellement, & du gibier qu'ils tuent, & qui est très abondant. Qu'ils sont vêtus de peaux de loups marins, qu'ils ont le secret de tanner & de préparer, & qu'ils ont aussi quantité de lin, de chanvre & de coton. Que le dit Sébastien Viscaino ayant questionné ces Indiens, & quantité d'autres qu'il trouva le long de la côte pendant l'espace de plus de 800 lieues, ils lui avoient dit qu'au delà de leur pays, il y avoit plusieurs grandes Villes, & quantité d'or & d'argent, ce qui lui fait croire qu'on pourra y découvrir des grandes richesses; d'autant plus qu'on trouve dans quelques cantons des veines de métaux, & que sachant le tems que leur Eté arrive, on pourra en découvrir davantage en pénétrant dans l'intérieur du pays, dont on peut découvrir le reste le long de la côte; vu qu'elle s'étend au-delà du 42ᵉ degré, qui sont les limites qu'on a spécifiées audit Sébastien Viscaino dans ses instructions, lesquelles portoient qu'il se rendroit au Japon & à la Chine, pour n'être point obligé de revenir par le golfe de Californie, à cause de la mortalité de ses gens, & du défaut de provisions, qui l'obligèrent à hâter son retour. Le Cosmographe André Garcia de Cespedes, s'étant présenté à mon Conseil Royal des Indes, avec les relations & les cartes auxquelles on avoit joint un plan séparé des hâvres découverts par le dit Sébastien Viscaino ; ayant oui son rapport, & considérant combien il importe pour la sureté des vaisseaux qui viennent de ces îles & qui ont un trajet de 2000 lieues à faire sur une mer orageuse, qu'ils ayent un port où ils puissent relâcher & se pourvoir d'eau, de bois & de provisions : que ledit port de Monte-Rey, gît par le 37e degré, à peu-près à mi-chemin, & possède toutes les bonnes qualités qu'on peut desirer ; il me paroît que tous les vaisseaux qui viennent de ces îles, & qui rangent cette côte, doivent se rendre dans ce port, s'y radouber & y prendre les provisions dont ils ont besoin. Ayant donc dessein de commencer une entreprise aussi utile, & de la rendre publique; j'ai ordonné par une autre commission de la même date, au Marquis de Montes-Claros, mon Viceroi actuel desdites provinces de la Nouvelle-Espagne, qu'il ait à faire toute la diligence possible pour trouver le Général Sébastien Viscaino, qui a fait ladite découverte, ayant reconnu la côte depuis Acapulco jusqu'au cap Mendozino; & au cas qu'il soit mort, de faire chercher le Commandant de son vaisseau, & après qu'on l'aura trouvé, qu'on lui donne ordre de se rendre dans ces îles avec son premier Pilote & celui dudit Commandant, avec toutes la diligence qu'exige l'importance de ce service. J'ai encore ordonné audit Marquis d'envoyer dans ces îles des vaisseaux du même gabarit que ceux qu'on a déja employés, n'y ayant point d'apparence qu'on puisse en avoir de 200 tonneaux, comme il est porté dans le nouvel ordre que j'ai expedié, lequel nomme pour Commandant de ces vaisseaux Sébastien Viscaino, & pour son

Capitaine, celui qui étoit avec lui lors de la découverte dudit Port, au cas qu'ils soient tous deux vivants; ou si l'un ou l'autre est mort, celui qui a succédé au Commandant en Chef; & pour premier Pilote, la personne qui occupoit ce poste sous Sébastien Viscaino, ou sous son Capitaine; afin qu'avec ces vaisseaux, ils puissent à leur retour examiner les moyens qu'il convient de prendre pour former un établissement dans ledit port de Monte-Rey, pour que les vaisseaux prennent la coutume d'y toucher, en instruisant les pilotes & les matelots des particularités de ce voyage; entr'autres deux personnes capables, que vous enverrez auxdites îles avec ledit Général Viscaino, pour qu'elles connoissent ledit port, & qu'elles puissent ramener le Général & le Commandant des vaisseaux, qui doivent aller d'Acapulco dans ces îles l'an 1608. Sébastien Viscaino étant chargé d'y faire un établissement, ma volonté est que vous lui accordiez, de même qu'à son Capitaine, tous les secours dont ils pourront avoir beſoin. Ma volonté eſt encore qu'ils reçoivent la paye que les autres Généraux & Commandans ont reçue dans ledit voyage, & cela dans la forme, & à la manière ordinaire. Et pour que cette expédition ait le ſuccès que je deſire, je vous enjoins de les aider & de les aſſiſter avec le ſoin & la diligence que me je promets de votre prudence & de votre zèle; & de m'informer de ce qu'ils auront fait. Donné au Palais Royal de Saint-Laurent, le 19ᵉ d'Août, 1606.

Cette commiſſion fait voir dans tout ſon jour le jugement que le Conſeil ſouverain des Indes, le Roi & ſes Miniſtres portoient de la Colonie qu'on vouloit fonder ſur la côte Occidentale de la Californie, en peuplant le port de Monte-Rey, de même que l'idée qu'ils avoient de ſon importance: mais ces ſages meſures n'aboutirent à rien, l'ordre du Roi n'ayant point eu ſon effet. Le Viceroi fit auſſitôt chercher le Général Sébaſtien Viſcaino, & on le trouva; mais dans le tems qu'il ſe diſpoſoit à une entrepriſe dont on n'a connu les avantages réels qu'à l'aide du tems & de l'expérience, il fut attaqué d'une maladie qui le mit au tombeau, & qui fit évanouir les espérances qu'on avoit conçues de cette expédition. On ignore encore pourquoi des ordres si positifs & si formels ne furent point executés, même après la mort du Général: on sçait seulement qu'on ne fit rien pour lors ni après de ce qu'ils portoient, quoique tout eut été concerté avec la plus grande sagesse & avec la plus mure déliberation, & que le Roi y eût donné son consentement.

Pendant les neuf années suivantes, on se borna à faire quelques voyages dans la Californie, plutôt dans la vue d'y pêcher des perles ou de les échanger, que d'y faire un établissement solide. C'est ce qui fait que je n'en ai rien dit, d'autant plus que dans les Commissions suivantes il n'en est parlé que d'une manière générale, & qu'on n'entre dans le detail d'aucune circonstance. A la fin cependant, l'an 1615, le Capitaine Jean Iturbi obtint la permission d'y faire un voyage à ses propres dépens. Un de ses deux vaisseaux fut pris par cettains pirates Européens, qui s'étoient rendus fameux dans l'Amérique sous le nom de *Pichilingues*, & qui, à la honte de la nation Espagnole, infestoient les mers du sud, & cela à un tel degré d'insolence, que l'on sentit la nécessité dont il étoit de réduire la Californie, où ils trouvoient une retraite assurée. Iturbi entra avec son autre vaisseau dans la baie de la Californie, & s'avança jusqu'au 30ᵉ degré, où il observa que les deux côtes de Cinaloa & de Californie se rapprochoient insensiblement l'une de l'autre. Mais les vents de nord-ouest & le defaut de provisions l'empêchèrent d'aller plus loin; sur quoi il prit le parti de retourner, & il seroit infailliblement mort de faim avec son équipage, sans le secours presque miraculeux qu'il trouva au village d'Ahomé, dans la province de Cinaloa, par le moyen du Missionnaire, le Père André Pérez de Ribas, Provincial des Jesuites dans la Nouvelle-Espagne, qui donna plusieurs années après une relation de de cette expédition. D'Ahomé, il fit voile pour Cinaloa, où il reçut ordre du Viceroi Don Diégo Fernandès de Cordoya, Marquis de Guadal-Cafar, d'aller joindre & de convoyer un vaisseau qui venoit des îles Philippines, que l'on craignoit qui ne tombât entre les mains des corsaires Hollandois, qui infestoient ouvertement ces mers sous leur propre pavillon, & qui ne tardèrent pas à se rendre maîtres de la plus grande partie du commerce aux Indes Orientales.

Iturbi se rendit dans la mer du sud, & ramena le vaisseau qui causoit tant d'inquiétude, à Acapulco. Il vint de là à Mexico, où les perles qu'il avoit apportées, remplirent toute la ville d'admiration; il en avoit un grand nombre, mais la plupart d'une eau noirâtre, ce qui venoit, comme je l'ai dit ci dessus, de ce que les Indiens jettoient les huitres dans le feu, pour les ouvrir & en tirer le poisson. Il en avoit d'autres fort grosses & fort belles, que divers particuliers achetèrent, & une entr'autres, dont il revint au Roi pour son $\frac{1}{5}$e 900 écus.

La vue de ces perles anima les Mexicains à entreprendre la conquête de la Californie, & à y faire un établissement. Quantité de particuliers de

Culiaçan & de Chametla se rendirent avec des petits bateaux sur la côte de la Californie, pour y pêcher des perles, ou en acheter des Indiens : ils commirent plusieurs actes des cruauté sur ces pauvres gens, qu'on eut soin de châtier autant que l'on put. Quelques avanturiers s'enrichirent dans ce commerce, entr'autres Antonio del Castillo, habitant de Chametla, dont la fortune rapide fit tant de bruit, que l'on brûloit d'impatience de faire cette conquête. L'an 1628, sous le règne de Phillippe IV, le Capitaine Antoine Bastan se rendit en Espagne, pour en obtenir la permission, s'offrant de la faire à ses dépens. Le Conseil souverain des Indes, par une Cédule datée du 2ᵉ d'Août de la même année, donna ordre au marquis de Cerralvo, Viceroi du pays, de lui envoyer de plus amples informations. Le Viceroi & le Conseil nommèrent Don Jean Alvarez, Auditeur de l'Audience Royale, pour faire là-dessus les informations nécessaires, & sous prétexte d'une plus grande sureté; il obtint du Viceroi que le Capitaine François

François de Ortega y feroit un voyage à ſes dépens, dans lequel il fut ou plus heureux, ou plus adroit que ſes prédeceſſeurs. Il partit dans le mois de Mars 1632, ſur un vaiſſeau du port de 70 tonneaux, avec un prêtre appellé Diégo de la Nava, que l'Evêque de Guadalaxara avoit nommé Vicaire de la Californie. Il y arriva le 3 de Mai, & ayant reconnu exactement la côte depuis la baie de Saint-Barnabé, juſqu'au Port de la Paz, il acheta quantité de perles, & trouva les Indiens en général très-humains & très-ſociables, excepté dans quelques endroits, où ils avoient été maltraités par ceux qui y étoient venus pour trafiquer en perles. Il retourna dans le mois de Juin ſur la côte de Cinaloa, d'où il ſe rendit chez le Viceroi, pour lui rendre compte de ſon voyage.

Ce qui donne lieu de croire que le Capitaine Ortega y trouva ſon compte, eſt qu'il en fit deux autres, avec la permiſſion du Viceroi, dans les années 33 & 34, dans la vue d'y faire un établiſſement. Son opinion étoit, qu'il étoit aiſé de porter les

Tome. I.   V

Indiens de Puerto de la Paz à embraſ-
ſer la religion chrétienne, & ce fut
dans cette vue qu'on envoya avec
le Vicaire Nava un ſecond prêtre appellé Jean de Zunniga. Il prit
dans ces deux voyages le plus de vivres qu'il put, mais il les conſom-
ma, & retourna à Mexico, après avoir
éprouvé les mêmes accidents que
ceux qui y avoient été avant lui, nommément la ſtérilité du pays, & la di-
ſette totale de ſubſiſtance. Il propoſa
néanmoins deux choſes au Gouvernement; la première, de tranſporter la
garniſon d'Acaponeta ſur la côte de
Californie, vû que tout étoit en paix
à Cinaloa, afin que ce corps pût protéger la conquête que l'on méditoit,
de même que ceux qu'on vouloit y
établir. Il ne negligea rien pour faire
entrer le Viceroi & le Miniſtre dans ſes
vues, leſquelles étoient en effet ſages
& prudentes, les preſſant d'exécuter
ſans délai ce qu'il propoſoit. Il vouloit
y faire un quatrième voyage, mais il
eut la mortification d'apprendre qu'E-
tienne Carboneli ſon pilote, avoit
obtenu du Viceroi la permiſſion de s'y

transporter à ses dépens. Carboneli non seulement supplanta son patron Ortega, mais le blâma même, alléguant que tous les malheurs qu'on avoit éprouvés dans ces trois voyages, venoient de sa négligence & de sa timidité, & de ce qu'il n'avoit point débarqué en Californie par une plus haute latitude, où il s'engageoit à trouver un pays plus fertile, où ses gens & ceux qui voudroient s'y établir, subsisteroient dans l'abondance de toutes choses. L'esprit ainsi rempli de son sistême, il fit voile pour la Californie l'an 1536. Mais quoiqu'il se fût avancé le plus avant qu'il lui avoit été possible, il ne trouva partout qu'un petit nombre d'Indiens, lesquels erroient tous nuds dans un pays stérile, & qui ne vivoient que de coquillages, de fruit & de gibier, ignorant entièrement l'agriculture. Après avoir amassé quelques perles, pour se consoler dans son malheur, il retourna dans la Nouvelle-Espagne, où Ortega eut la satisfaction de voir ce nouveau Conquérant devenir l'objet de la risée publique.

Il parut cette même année à Londres un Ecrit, fous le titre de relation de Barthelemi de Fuentes, Commandant en chef de la Marine dans la Nouvelle-Espagne & le Pérou, & Préfident du Chili. On y rapportoit les principaux évènemens & les avantures les plus remarquables arrivées dans le voyage qu'on avoit entrepris l'an 1640, par ordre du Viceroi du Pérou, pour découvrir un paffage de la mer du fud dans celle du nord, dans l'hémifphere feptentrional. Cet Ecrit contient quantité de détails relatifs à la Californie; mais fans vouloir entrer ici dans de longues difcuffions, je me contenterai de dire, qu'on doit faire peu de fonds fur cette relation. On peut en dire autant de celles qu'on a données des voyages qu'on a fait de la mer du fud dans celle du nord, aude-là de la Californie, & dans une direction contraire, dont les Capitaines Seixas & Lobera ont donné un détail qu'on a inféré dans le *Théâtre naval*, publié en François & en Efpagnol; où il eft parlé entr'autres d'un Efpagnol, que l'on dit être venu dans l'efpace de trois mois du port de la Nativité & du cap

DE LA CALIFORNIE. 237

de Corrientes à Lisbone. Ces sortes de relations, que l'on trouve dispersées dans differens livres, ne m'ont pas paru assez authentiques, pour meriter de trouver place dans mon ouvage : je reviens à mon sujet.

Tant d'expéditions infructueuses dans la Californie, loin de ralentir l'ardeur des peuples à en entreprendre de nouvelles, ne servirent au contraire qu'à l'enflammer davantage. La raison en fut, qu'on en apporta quelques perles, & qu'on exagéra la quantité de celles qu'on y trouvoit. On peut ajouter à cela, que la plupart de ceux qui passent dans l'Amérique sans poste & sans emploi, se laissent aisément leurrer de l'esperance d'y faire promptement leur fortune sans peine & sans fatigue : mais comme la nature & l'état du pays ne fournissent point à quantité de personnes les moyens d'y gagner assez pour subsister passablement, n'y ayant point de manufactures auxquelles elles puissent s'employer; & que les travaux des mines & la culture des terres, les deux causes fatales de la dépopulation & de la stérilité de ces contrées fertiles, sont extrêmement laborieux, on trouve toujours des gens, qui n'ayant rien à perdre, cherchent à faire leur fortune par quelque nouvelle entreprise. Le Gouvernement étoit animé par d'autres vues; & sachant que quantité de gens viendroient s'offrir volontairement pour servir, il contribua de son mieux à faciliter l'exécution du projet qu'il méditoit. L'importance de l'entreprise, malgré tant de tentatives inutiles, étant évidente, le viceroi Don Diégo Lopez Pacheco, Marquis de Villena & Duc d'Escalona, resolut de la tenter de nouveau aux dépens de Sa Majesté. Mais voulant agir avec plus de circonspection qu'on ne l'avoit fait jusqu'alors, il écrivit à Don Louis Cestin de Canas, Gouverneur de Cinaloa dont la province est vis-à-vis de la Californie, de se transporter avec les soldats de sa garnison, & de reconnoître ses côtes, ses îles, ses baies, ses criques, de même que la disposition & la nature du terrein. Il pria en même tems le Père Louis de Bonifaz, Provincial des Jésuites, de lui donner une personne capable pour l'accompagner. Celui-ci lui recommanda le Père Jacinto Cortes, Missionnaire dans ladite province de Cinaloa. Ces précautions auroient été inutiles, après ce qu'on avoit fait pendant plus d'un siècle, si les rapports, les relations, les cartes, les vues & les plans qu'on avoit faits, ou qu'on auroit dû faire, après tant de decouvertes, eussent subsisté. On ne les avoit plus, par le peu de soin qu'on avoit eu de les conserver; ce qui est une perte que les personnes en place de même que les particuliers ne peuvent trop regretter ; les premières, à cause des instructions qu'ils en auroient tirées pour la conduite des affaires ; & les seconds, à cause des avantages qu'ils y eussent trouvé, & de l'amusement qu'ils leur auroient procuré. Une autre raison qui fait que l'on manque de ces sortes d'instructions, est que l'on néglige de faire imprimer les découvertes qui intéressent la religion & le gouvernement. La perte de ces sortes d'écrits fait que l'on perd souvent le fruit d'une expédition, soit à cause des changemens qui furviennent dans l'état, ou du peu d'uniformité que l'on trouve dans les relations. Qu'arrive t-il de-là ? on se jette dans de nouvelles dépenses, ou l'on prend de fausses mesures, faute de lumières qu'on eût pu se procurer, en transmettant à la posterité ce que l'on juge devoir mériter son attention. On fit enfin ce reconnoissement dans le mois de Juillet 1642, comme cela paroit par la lettre du Père Cortes, dans laquelle il marque au Père Provincial, qu'au sortir de Cinaloa, ils abordèrent dans quelques îles, auxquelles ils donnèrent le nom de Saint-Joseph, & que les habitens leur firent un très-bon accueil, à cause de l'amitié qu'ils avoient liée avec les Espagnols qui y étoient venus pêcher des perles, & qui les avoient protégés contre les *Guaicuros* leurs ennemis, qui habitent le Continent. Nous remontames ensuite la côte, dit le Père Cortes, l'espace de 40 lieues à l'ouest de la Paz. Il confirme ce qu'on avoit dit des perles, de la pauvreté des habitans, & de la disposition où ils étoient d'embrasser la foi; il décrit aussi leurs coutumes

coutumes & l'étendue de la côte, & le prie en finissant, d'ouvrir la porte à l'Evangile parmi ces malheureuses créatures, en lui permettant d'exercer la fonction de Missionnaire. Le Gouverneur envoya de son côté ce rapport au Viceroi, & l'accompagna de quantité de perles qu'on avoit amassées dans cette expédition.

Il n'étoit plus au pouvoir du Viceroi de donner les ordres qu'il eût voulu, ayant été remplacé par Don Jean de Palafox & Mendoza, Evêque de los Angeles, & privé de son emploi sur quelques soupçons mal-fondés que l'on eut de sa fidelité, & que ses ennemis fomentèrent du mieux qu'ils purent. Le Marquis retourna en Espagne, y justifia sa conduite, & Dieu fit dans la suite retomber sur ses ennemis le mal qu'ils avoient voulu lui faire. Philippe IV lui proposa de retourner à Mexico, mais il aima mieux accepter la Viceroyauté de Sicile, qui dans ce temps-là avoit besoin d'un homme de la capacité du Marquis. Il n'oublia cependant point la conquête de la Californie, & fit tant par ses représentations auprès du Roi, qu'on y travailla avec plus d'ardeur que jamais. L'Amiral Don Pedro Portel de Casanate eut ordre de se rendre à Mexico, d'équiper une flote, & de faire des établissemens dans la Californie. On lui permit encore de faire tout ce qu'il jugeroit à propos pour faire entrer ces peuples dans le giron de l'Eglise; & pour assurer les côtes & les domaines de sa Majesté, de même que le commerce & la navigation de ses sujets. L'Amiral arriva dans la Nouvelle-Espagne à la fin de l'année 1643. Le nouveau Viceroi Don Garcia Sarmiento & Sotomayor Comte de Salva-Terra, conformément aux ordres du Roi, lui fournit tout ce dont il avoit besoin pour son armement, & de concert avec lui, conféra le gouvernement spirituel de l'escadre & de la Californie aux Jésuites, dans une lettre écrite au Provincial Louis de Bonifaz, que je vais insérer ici, comme un témoignage de la piété & de la politesse de ce Viceroi.

Mon-très Révérend Père.

Il a plu à Sa Majesté de confier la découverte de la Californie à la diligence de Don Pedro de Cassanate, ce qui est une affaire que plusieurs ont déja tentée, sans avoir pu l'achever entièrement. L'expérience consommée de ce gentilhomme dans la marine, jointe à ses autres talens nous font espérer que son voyage & son expédition auront tout le succès qu'on s'en promet, d'autant plus qu'il mène avec lui quelques Pères de votre Compagnie dont les lumières ne peuvent que contribuer à sa réussite, & nous l'assurent même. Je serai infiniment obligé à votre Révérence de vouloir le seconder dans toutes les occasions, & d'engager les maisons & les missions qui sont sous ses ordres à lui rendre le même service, ainsi que cela convient au service de Dieu, & à celui de Sa Majesté. Elle sçait le penchant que j'ai à l'obliger ; je la supplie donc de seconder cette affaire, & de rendre à l'Amiral Cassanate tous les bons offices qui dépendront d'elle. Ce 13 d'Octobre 1663.

Le Provincial approuva beaucoup le choix qu'on avoit fait, & écrivit au Viceroi & à l'Amiral qu'ils pouvoient non seulement disposer de sa personne, mais même de tous les Religieux de son Ordre: il envoya le 15 d'Octobre les ordes & les instructions nécessaires, & nomma les Pères Jacinto Cortes & André Baes, Missionnaires de Cinaloa, pour accompagner l'Amiral dans son expédition. Cassanate se rendit dans les ports de la mer du sud pour hâter l'armement de la flote, & revint avec elle en 1644 à Cinaloa, pour y prendre les Missionnaires, les troupes & les provisions dont il avoit besoin. Tout sembloit lui promettre une conquête assurée, lorsqu'il apprit que quelques corsaires Anglois & Hollandois étoient arrivés dans ces mers pour intercepter le vaisseau d'Acapulco. On lui ordonnoit d'aller à sa rencontre, & de le ramener dans ce port; il le fit: mais dans le tems qu'il se disposoit à partir, quelques personnes mal-intentionnées mirent le feu à deux de ses vaisseaux, ce qui l'obligea de suspendre son expédition. Ce malheur ne le decouragea point ; il en fit conftruire deux autres fur la côte de Cinaloa, & fe mit en mer l'an 1648, accompagné de deux Jéfuites. Il reconnut avec foin la côte Orientale du golfe, pour voir s'il ne trouveroit pas quelque endroit où il pût établir fa principale garnifon; mais il trouva partout les mêmes difficultés qui avoient fi fouvent fait échouer ces fortes d'entreprifes ; je veux dire la fécherefle & la ftérilité du terrein. Pendant qu'il couroit ainfi de côte en côte & de baie en baie, il reçut un fecond ordre d'aller convoyer le vaiffeau des Philippines ou d'Acapulco, que les ennemis menaçoient toujours. Ceux-ci, non contens d'infulter les domaines de la Monarchie Efpagnole, troubloient encore le peu de commerce qu'elle avoit dans ces mers, que fes fujets avoient découvertes avec tant de gloire il y avoit plus d'un fiècle. L'Amiral ramena une feconde fois le vaiffeau à Acapulco, & fe rendit chez le Viceroi pour lui repréfenter les difficultés qu'il trouvoit dans la conquête de la Californie, que l'on abandonna pour cette fois-ci.

Il obtint peu de tems après le gouvernement du Chili, plus fameux par son étendue, que par la richeſſe de ſes habitans.

Cependant Philippe IV peu de tems avant ſa mort, qui arriva le 17 de Septembre 1665, avoit ordonné la réduction de la Californie, & nommé pour cet effet Don Bernardo Bernal de Pinadero, mais ſous certaines conditions, le tréſor & la nation ſe trouvant dans un épuiſement total, malgré l'importation de tant de millions qui n'avoient ſervi qu'à enrichir les autres contrées de l'Europe. Le Mexique ſe trouvant dans le même état de langueur que le corps de la Monarchie Eſpagnole, deux petits vaiſſeaux que l'on faiſoit conſtruire dans la Vallée de Venderas, ne furent achevés que dans l'année 1664, que l'expédition ſe fit; & lorſqu'ils furent arrivés dans la Californie, tout ſe reduiſit à pêcher des perles. Les troupes obligeant par toutes ſortes de violences les pauvres Californiens à ſatisfaire à leur demande, cette cruauté & cette avarice ne contribuoient en rien à la principale intention de leur voyage, auſſi devinrent-elles en quelque ſorte leur propre châtiment ; car les querelles qui s'élevèrent entre les Eſpagnols pour le partage des richeſſes qu'ils avoient trouvées, furent pouſſées à une telle extrémité, qu'il y en eut pluſieurs de tués & de bleſſés, de manière que l'Amiral, pour prévenir un plus grand deſordre, après avoir amaſſé le plus de perles qu'il put, s'en retourna dans la Nouvelle-Eſpagne. Il fut reçu très-froidement du Gouvernement, & l'affaire ayant été portée au Conſeil des Indes, la Reine-Mere, qui avoit la Regence du Royaume pendant la minorité de Charles II, donna ordre que l'Amiral Penadero, conformément au traité qu'il avoit fait avec le Roi, eût à ſe tranſporter une ſeconde fois dans la Californie. L'Amiral, qui ne demandoit pas mieux, prit avec lui deux vaiſſeaux qu'on avoit conſtruits à Chacala, & partit pour ſa ſeconde expédition dans l'année 1667. Le Père Kino en parle, mais tout ce qu'il en dit, eſt qu'elle ne fut pas plus heureuſe que la première.

X iv.

La fortune ne fut pas plus favorable au Capitaine François Luzenilla, lequel l'année suivante 1668, obtint la permission de faire une expédition à ses depens avec deux vaisseaux, en compagnie de deux Franciscains, savoir Juan Cavallero Carranco, & Jean-Baptiste Ramirez. Il se rendit au cap du Saint-Lucas, & de-là au port de la Paz, où les Religieux s'employèrent avec zèle à la conversion des habitans ; mais ils trouvèrent tant de difficultés, que le Capitaine fut obligé d'abandonner son nouvel établissement. Il fut de-là dans une baie près de la rivière d'Hiaqui, d'où les Religieux, pour que leur Mission ne fût point entièrement infructueuse, pénétrèrent dans le pays jusqu'à la province de Nazaret, où ils prêchèrent pendant plusieurs années la Religion parmi les sauvages, de même que les Jésuites l'ont fait quelques années après.

SECTION V.

Dernières Expéditions dans la Californie, jusqu'à la fin du règne de Charles II.

DURANT la première année du regne & de la minorité de Charles II, on ne fit point d'autres expéditions dans la Californie, que celles dont je viens de parler ; ce qui n'empêcha pas les habitans de la côte de Culiacan, de Cinaloa, d'Hiaqui, de Mayo & de la Nouvelle-Biscaye de se transporter dans de petites barques sur la côte Orientale, pour y pêcher des perles, ou les échanger. Cependant le Conseil des Indes sentant la nécessité dont il étoit de faire un établissement sur la côte de la Californie, s'y détermina à la fin, & envoya le 26 de Février 1677 à Don François Payo Enriquez de Rivera, Archêveque de Mexico, & Viceroi de la Nouvelle-Espagne, des instructions, portant que l'Amiral Pinadero seroit de nouveau employé à la conquête de cette contrée, à condition qu'il rempliroit tous les articles dont on conviendroit; & qu'en cas de refus, on en chargeroit telle autre personne qui voudroit l'entreprendre à ses dépens, sauf à la faire aux dépens de la Couronne, si personne ne vouloit s'en charger. Don Isidoro? Otondo & Antillion l'ayent prise sur son compte, il signa pour cet effet dans le mois de Décembre 1678 un acte, qui fut ratifié à Madrid par une autre en date du 29 de Décembre 1679, lequel conféroit le gouvernement spirituel aux Jésuites, & au Père Eusebe François Kino. En consequence de l'approbation de Sa Majesté, l'Amiral commença ses préparatifs, & partit de Chacala le 18 de Mai 1683; plus de six sans après le premier ordre de Sa Majesté; & arriva dans quatorze jours au Port de la Paz. Il avoit avec lui deux vaisseaux abondamment pourvus de toutes sortes de provisions, & plus de cent hommes, du nombre desquels étoient le Père Kino, supérieur de la Mission, & les Pères Jean Baptiste Copart, & Pierre Matthias Goni; ils étoient suivis d'une belandre, qui portoit les vivres & les munitions, laquelle erra long-tems dans le Golfe, sans pouvoir jamais rencontrer les vaisseaux.

L'Amiral & ses gens restèrent cinq jours à bord sans voir paroître aucun Indien, sur quoi ils descendirent à terre; mais comme ils commençoient à former une garnison, ils virent venir les habitans armés, & barbouillés de différentes couleurs, pour inspirer plus de terreur, lesquels ayant apperçu nos gens, firent halte, & leur donnèrent à entendre par leurs gestes menaçans, qu'ils eussent à se retirer. Ce qui les porta à en agir de la sorte, furent les mauvais traitemens que leur avoient fait les Espagnols qui y étoient venus auparavant. On fit retirer les soldats, les Missionnaires s'avancèrent vers eux avec quantité de petits présens & de provisions, & leur firent entendre par signes, qu'ils venoient en qualité d'amis. Les Indiens jettèrent à terre les présens qu'ils avoient reçus, mais pendant que les Pères s'en retournoient, ils commencèrent à manger les provisions qu'ils avoient dédaignées, & coururent après eux pour leur en demander d'autres & cela avec si peu de crainte, qu'ils les suivirent dans la garnison & se mêlèrent parmi les soldats, qui leur firent toutes sortes d'amitié, si bien qu'ils s'en retournèrent chez eux très-satisfaits; par où l'on peut voir la docilité & le peu de défiance de ces pauvres Indiens en général. Une autre Compagnie d'Indiens se rendit deux jours après au Camp des Espagnols. L'Amiral Otondo leur fit un très bon accueil; & pour leur montrer la force de nos armes à feu, il pria huit de leurs camarades, qui passoient pour les plus robustes, de décocher leurs fléches contre une de ces targes de cuir que les soldats portoient, ce qu'ils firent, mais sans pouvoir venir à bout de la percer; au lieu qu'on en perça plusieurs avec une bale de mousquet, ce qui les surprit beaucoup, & leur inspira tant de terreur, que les Espagnols ne craignirent plus d'être insultés. On éleva aussitôt une Eglise & quelques huttes avec des branches d'arbres, & l'Amiral ayant envoyé un vaisseau à la rivière d'Hiaqui pour y prendre des provisions, il commença à envoyer des partis dans le pays.

Le premier dirigea sa marche au sud-ouest de la Paz. C'etoit de là que les Indiens appellés Guaicuros se rendoient à la garnison, mais toujours armés, n'amenant jamais avec eux ni leurs femmes ni leurs enfans : à la fin, ils se lassèrent tellement de leurs hôtes, qu'ils leur ordonnèrent plus d'une fois de se retirer & de quitter leur pays ; mais malgré cet ordre, l'Amiral, accompagné de Don François Pereda, Capitaine du vaisseau de l'Amiral, de plusieurs officiers, & des Pères Kino & Joseph de Guijosa, pénétrèrent dans le pays sous l'escorte de vingt-cinq soldats, précédés de quelques paysans qui avoient soin d'éclaircir les bois, où il n'y avoit que des Indiens nuds qui pussent passer. Après avoir fait sept lieues avec beaucoup de difficulté, ils arriverent dans une plaine dans laquelle étoient quelques Communautés d'Indiens, lesquels cherchènent aussitôt à cacher leurs femmes & leurs enfans. Pour mieux y réussir, quelques-uns vinrent trouver les Espagnols pour les amuser, leur disant qu'il n'y avoit point d'eau dans cet endroit, & qu'ils leur montreroient celui où il y en avoit, après qu'ils auroient mis leurs familles en sureté. Les Espagnols passèrent la nuit dans cet endroit, régalèrent les Indiens, & leur firent mille amitiés; mais ils restèrent toujours armés, ce qui les obligea de se tenir sur leurs gardes. Le lendemain, voyant l'impossibilité où ils étoient d'aller plus loin à cause de l'âpreté du pays, & du défaut d'eau & de vivres, le parti retourna à la garnison. On conjectura que la raison qui les avoit empêchés de tomber sur nos gens, étoit la crainte qu'ils avoient des Indiens qui avoient lié amitié avec les Espagnols. Ce qui donna lieu de le soupçonner, fut la précaution qu'ils eurent, lorsque nos gens entrèrent chez eux, d'envoyer douze hommes des plus ingambes avec un Capitaine à la garnison, d'où ils revinrent quelques heures après sans se plaindre ni du Commandant, ni de qui que ce fût de la troupe. La seconde compagnie prit sa route vers l'est, ayant à sa tête le Père Goni. Elle essuia infiniment plus de fatigue & de dangers que l'autre, le pays étant rempli de quantité de rochers & de précipices. Ils trouvèrent dans une vallée fort étroite une autre Nation d'Indiens, appellés Coras, qui étoient très doux & très sociables. Après plusieurs marques reciproques d'amitié, ils vinrent souvent à la garnison, & avec si peu de méfiance, qu'ils couchoient souvent parmi les soldats.

Les Guaicuros étoient d'un caractère tout différent, & se mettoient si peu en peine de cacher leur mécontentement, qu'ils menacèrent nos gens, que s'ils ne prenoient le parti de se retirer, la Nation entière se joindroit pour les exterminer. Les Espagnols supportèrent patiemment leurs insultes, dans l'espoir de les réduire par la douceur, de leur inspirer des sentimens plus doux, & de vaincre la repugnance qu'ils témoignoient pour cet établissement. Mais le 6 de Juin, dans le tems qu'on s'y attendoit le moins, ils parurent tout-à-coup partagés en deux compagnies, & après avoir défié les Espagnols, ils commencèrent à attaquer les retranchemens. Ceux-ci alloient decharger sur eux un pierrier, qui certainement en eût tué plusieurs, lorsqu'ils s'apperçurent que l'Amiral s'avançoit hors des lignes ; il aborda en effet la première Compagnie avec une intrepidité qui étonna ses gens, & s'adressant au Capitaine, il lui parla d'un ton si ferme & si résolu, qu'il ne sçut que lui repondre, & les deux troupes s'en retournèrent paisiblement dans leurs rancherias. Les Guaicuros recommencerent depuis à fréquenter la garnison, mais toujours avec quelque appréhension, jusqu'à ce qu'un accident singulier & peu important, auquel on ajouta foi trop aisément, occasionna une rupture.

Un jeune mulâtre qui étoit dans le camp, ayant disparu, on crut d'abord qu'il s'étoit retiré chez les Guaicuros, à dessein de vivre avec eux. Peu de tems après, il courut un bruit parmi les soldats & les gens de la garnison, dont on n'a jamais pu savoir l'origine, que ces peuples l'avoient massacré. On
y

y ajouta d'autant plus aifément foi, que la plupart les craignoient extrêmement; on affura même que quelques Coras avoient attefté le fait. Le malheur fut que perfonne n'entendoit la langue des Guaicuros, n'y ayant qu'un foldat qui fût un peu au fait de celle des Coras. L'Amiral qui prévoyoit les fuites d'un pareil attentat, ordonna que la première fois que les Guaicuros viendroient chez la garnifon, on mît leur Capitaine en prifon. Les Indiens en furent fi outrés, qu'ils revinrent le lendemain, au nombre de plufieurs Compagnies, demander fa liberté, infiftant en même tems avec de grandes menaces, à ce que les Efpagnols fortiffent du pays. Voyant que toutes leurs mefures étoient inutiles, ils réfolurent d'unir toutes leurs forces, & de tomber à l'improvifte fur les Efpagnols. En conféquence, ils invitèrent les Coras, quoique leurs ennemis, à foutenir une caufe, qu'ils leur dirent être commune aux deux Nations. Ceux ci leur promirent de les féconder, mais ils leur manquèrent de parole, aimant mieux refter unis aux Efpagnols, dans

Tome I.   Y

lesquels ils avoient mis leur confiance, que de se priver du secours qu'ils en attendoient contre les Guaicuros. Ils se servirent du soldat dont je viens de parler pour les avertir du complot qu'on avoit formé, & qu'on devoit exécuter le premier Juillet. L'Amiral donna ordre de doubler les sentinelles, & de placer un pierrier du côté que les Indiens avoient accoutumé de venir, avertissant en même tems ses gens du coup qu'on vouloit leur porter: ils en furent si allarmés, qu'il comprit dès le moment qu'il s'en falloit beaucoup qu'ils ressemblassent à ceux qui avoient conquis l'Amérique. La Garnison tomba dans la plus grande consternation: l'Amiral, les Officiers, les Missionnaires eurent beau l'animer, on n'entendoit de tous côtés que des cris & des lamentations, comme s'ils eussent dû devenir les victimes de la fureur de ces peuples sauvages. Une poltronnerie aussi, marquée jetta l'Amiral dans une plus grande perplexité, que s'il eût eu tous les Californiens sur les bras. Le jour venu, les Indiens sortirent en desordre de la forêt, au nombre de quatorze à quinze cents hommes ; ils firent halte fur le penchant de la montagne, comme pour y attendre le reste de leurs camarades, d'où nos gens conclurent que leur dessein étoit de les attirer hors de leurs retranchemens, & de les combattre en rase campagne ; ils restèrent dans leurs postes, & les Indiens s'avancèrent. Lorsqu'ils furent à une distance convenable, on tira sur eux un pierrier, qui en tua dix à douze, & en blessa plusieurs autres. Sur quoi, ceux qui s'étoient avancés de même que ceux qui étoient restés cachés dans la forêt, s'enfuirent précipitamment, & regagnèrent leurs rancherias.

Cependant la Providence permit que cette résolution imprudente de l'Amiral, & des Officiers de son Escadre, tournât à leur désavantage. Le meutre de ces Indiens innocents, loin de rassurer la garnison, lui causa une espèce de terreur panique, qui lui fit croire que toutes les Nations de la Californie alloient lui tomber sur les bras pour tirer vengeance de la mort de leurs compatriotes. D'ailleurs, les troupes avoient plusieurs sujets de mécontentement. Elles étoient depuis trois mois dans la baie, sans avoir eu aucun avantage qui pût les dédommager des fatigues qu'elles avoient essuiées. Elles manquoient de provisions, & ce qui en restoit étoit gâté. Le vaisseau qu'on avoit envoyé à la rivière d'Hiaqui pour en chercher, étoit absent depuis deux mois, & on n'en entendoit plus parler, quoiqu'elle ne fût éloignée que de 80 lieues, si bien qu'on le croyoit perdu. Leur mécontentement & leur affliction augmentèrent au point, que plusieurs conjurèrent l'Amiral de les tirer de cet endroit, dût-il les laisser dans les îles voisines. L'Amiral eût eu tout lieu de craindre quelque complot contre sa personne, si une triste expérience ne lui eût appris qu'ils n'avoient point assez de courage pour l'exécuter : il mit tout en usage pour les appaiser, il les prit du côté de l'honneur, il les flata du retour du vaisseau qu'il avoit envoyé ; mais rien ne faisant impression sur eux, il fut obligé de se rembarquer, & sortit du port de la Paz le 14 de Juillet. Il s'arrêta quelque tems parmi les îles voisines, dans l'intention d'y retourner, en cas que la belandre arrivât à tems. Ce vaisseau, aussitôt après son arrivée à Hiaqui, avoit été expédié par les Missionnaires avec les vivres qu'il étoit venu chercher; il fit voile, & vint trois fois à la vue de la Californie, sans pouvoir aborder, le mauvais tems l'ayant obligé de retourner à Hiaqui. Quelques pêcheurs lui donnèrent avis la troisième fois, que l'Amiral s'étoit rendu au cap de Saint-Lucas, & il prit la même route, dans l'esperance de le joindre L'Amiral y étant arrivé; resolut de retourner à Cinaloa pour y prendre des provisions, & de descendre ensuite dans la Californie par une plus haute latitude, ayant appris que le pays étoit meilleur, & que les Indiens qui l'habitoient, étoient d'un caractère plus sociable.

Ayant donc vendu à Hiaqui une grande partie de ses effets, & mis sa vaisselle & ses meubles en gage pour avoir de quoi acheter des vivres, il fit voile une seconde fois pour la Californie, & arriva le 6 d'Octobre dans une grande baie, située par le 26ᵉ degré 30 minutes de latitude, à laquelle il donna le nom de Saint-Bruno, parceque c'etoit le jour de la fête de ce Saint. Il fut le même jour avec trois Missionnaires & quelques soldats à la decouverte de l'eau, & il en trouva à une demi-lieue de distance. La situation du terrein lui ayant plu, & les Indiens lui paroissant d'un caractere doux & sociable, il y établit le troisième jour une garnison, & fit élever une Eglise & quelques huttes : il renvoya ensuite les plus petits vaisseaux, pour lui aller chercher des provisions, & les chargea de lettres pour le Viceroi, par lesquelles il lui rendoit compte de son expédition, & le prioit de lui envoyer de l'argent & des vivres ; ce qui lui ayant été accordé, il prit de nouveau possession de la Californie au nom de Sa Majesté, avec les cérémonies usitées, ainsi qu'on l'avoit fait plusieurs fois avec plus de pompe que d'utilité. Ces cérémonies finies, il partit au mois de Décembre 1683 avec les Missionnaires, & s'avança avec eux dans le pays jusqu'au 25ᵉ degré à l'ouest, traitant tous les Indiens qu'il rencontra avec beaucoup d'amitié, & les invitant à se rendre dans sa garnison. Il poussa son second voyage plus loin, dans le dessein de se rendre sur la côte opposée, qui est sur la mer du sud. Après trois jours de marche, ils arrivèrent à une montagne, qu'ils furent obligés de monter à pied, avec beaucoup de peine & de fatigue : ils trouvèrent sur son sommet une plaine de plusieurs lieues d'étendue, & quelques rancherias que les habitans avoient abandonnées; ils furent joints près d'un réservoir d'eau de pluie par dix-sept Indiens, qui jettèrent leurs arcs & leurs flèches, pour leur marquer qu'ils n'avoient point dessein de leur nuire. Les Missionnaires, qui avoient déja appris quelques mots de leur langue, les complimentèrent, & les invitèrent à les suivre à la garnison de Saint-Bruno: ils leur demandèrent la distance qu'il y avoit de l'endroit où ils étoient à la mer du sud. Ils leur dirent que non loin de là, il y avoit une petite rivière qui s'y jettoit. Ils poussèrent plus loin, & traversèrent un pays fort rude

& plusieurs montagnes escarpées sans pouvoir la découvrir. Sur quoi ils retournèrent à la garnison, après avoir fait un voyage de cinquante lieues, & quantité de détours parmi des rochers & des précipices, sans trouver aucun chemin frayé, la distance d'une mer à l'autre en ligne directe, étant de plus de 50 lieues.

L'Amiral employa plus d'un an à ces différents voyages; & les Missionnaires mirent ce tems là à profit pour apprendre les deux langues que l'on parle dans ce pays. Lorsqu'ils les sçurent passablement, ils traduisirent les principaux articles de la doctrine Chrétienne; mais ce qui les embarrassa le plus, fut de trouver des mots Indiens pour exprimer cet article, *il est ressuscité d'entre les morts:* ils furent donc obligés de recourir à l'invention, dont on a raison de dire qu'elle est la fille de la nécessité. Voici, suivant la lettre du Père Kino, à son maître le Père Henry Sherer, l'expédient qu'ils trouvèrent; ils prirent quelques mouches, & en présence des Indiens, ils les tinrent dans l'eau jusqu'à ce qu'elles

les paruſſent mortes ; ils les couvrirent enſuite de cendre, & les expoſèrent au ſoleil, ce qui les fit auſſitôt revivre. Les Indiens en parurent ſi étonnés, qu'ils s'écrièrent *ibimuhueite ! ibimuhueite !* Les Pères écrivirent ces mots, & s'en ſervirent pour déſigner la réſurrection du Sauveur, de même que celle des morts, n'en ayant point d'autres pour expliquer nos Myſtères à ces peuples. Ils compoſèrent enſuite un Cathéchiſme, & s'appliquèrent tout de bon à l'inſtruction des Indiens, & ſurtout des enfans. Ils apprirent bientôt, à l'aide de quelques expédiens, les principaux articles de la Religion en Indien & en Eſpagnol ; & les répétoient tous les jours à genoux & les mains jointes, avec les Pères. D'écoliers qu'ils étoient, ils devinrent en peu de tems les maîtres de leurs parents & de leurs amis ; & quoique d'un âge naturellement peu propre à cet office, ils ne laiſſoient pas que d'être d'excellents Cathéchiſtes ; ſi bien qu'au bout d'un an, il y eut plus de quatre cens adultes en état de recevoir le batême. Cependant, les Miſſionnaires,

Tome I, Z

qui doutoient toujours du succès de cette entreprise, n'en batisoient aucun qu'à l'article de la mort. Il y en eut treize, suivant le Père Kino, qui le furent de cette manière, dont trois échappèrent. L'Amiral les emmena du consentement de leurs parens, & les confia à l'Evêque de Guadalaxara, qui les reçut avec les plus grandes marques d'affection. Les Missionnaires étoient charmés de la docilité des Indiens, & du penchant qu'ils avoient à embrasser le Christianisme ; mais il s'en falloit beaucoup que l'Amiral trouvât la même satisfaction dans un pays, dont on lui avoit fait un si grand éloge ; l'expérience l'ayant convaincu qu'il seroit difficile de former un établissement dans cet endroit. En conséquence, il donna ordre au Capitaine de son dernier vaisseau d'aller reconnoître la côte du côté du nord, pour voir s'il ne trouveroit point quelque situation plus commode. Celui-ci se rendit chez les Indiens qui pêchent les perles, les lits qu'elles forment étant plus rares dans cet endroit qu'à la Paz, usant de toute la diligence possible pour exécuter cet ordre avec la dernière ponctualité. Deux raisons l'y obligèrent : l'une étoient les dépêches qu'il avoit reçues du Vice-Roi, lequel lui demandoit un détail de son expédition, & l'autre une représentation de la part des soldats, & signée de leurs noms, dans laquelle ils lui exposoient leurs travaux & les maladies que leur avoit causées, la mauvaise qualité du sol & du climat. Il fit donc assembler les Officiers & les Missionnaires, & les pria de dire leur sentiment. La plûpart des Officiers étoient d'avis que l'on quittât la garnison de Saint-Bruno, comme un endroit stérile & mal sain. Les Missionnaires insistoient qu'on y restât encore quelque tems, alléguant, que n'ayant pas plu depuis dix-huit mois, il étoit impossible d'en juger pertinemment. Là-dessus, l'Amiral fit savoir au Viceroi les instructions qu'il avoit données, de même que la résolution qu'il avoit prise. Il fit embarquer les malades, & se rendit avec eux à Cinaloa, d'où il écrivit au Viceroi. Après avoir ravitaillé son vaisseau, il s'en fut à la découverte des lits de perles, & y resta jusqu'au mois de Septembre 1685, qu'étant dans le port de Saint-Ignace, il apprit la résolution qu'avoit prise le Viceroi dans un Conseil général. Celui-ci lui ordonnoit, vu les dépenses qu'on avoit déja faites, de ne faire aucun établissement ailleurs, de conserver ce qu'il avoit conquis, & d'attendre le résultat des découvertes que l'on feroit dans la suite. Le Capitaine n'ayant point trouvé ce qu'il cherchoit, retourna après bien de fatigues à Saint-Bruno. L'Amiral s'y étoit rendu quelque tems auparavant ; mais ses vivres étant venus à manquer au bout de quelques jours, voyant qu'il étoit impossible de s'y établir, il fit rembarquer ses gens, les Missionnaires & les trois Californiens, & se rendit au port de Matanchel, d'où il écrivit au Viceroi, pour lui donner avis de son arrivée. Il eut ordre de repartir aussitôt, & d'aller convoyer le vaisseau des Philippines ; il le rencontra heureusement le troisième jour, & le ramena à Acapulco, au grand regret des Corsaires Hollandois, qui l'attendoient sur la côte de la Nativité.

Il se rendit de-là à Mexico, où il fit part au Viceroi & au ministère des observations & des découvertes qu'il avoit faites, de même que des accidens qui lui étoient arrivés dans son expédition, dans laquelle, indépendamment des trois années qu'on y employa, on dépensa deux cens vingt-cinq mille écus du trésor royal. Le Viceroi fit examiner l'affaire dans un Conseil général, où, après avoir murement pesé toutes les difficultés, il fut décidé, que la conquête de la Californie étoit impraticable de la manière dont on s'y étoit pris, & qu'on en recommanderoit la reduction à la Société des Jésuites, moyennant une somme qu'on leur payeroit annuellement sur le trésor royal. Là-dessus on tint un Conseil le 11 d'Avril 1686, dans lequel on chargea le Trésorier de l'Audience, l'Amiral Otondo & le Père Kino, d'évaluer les sommes qu'il faudroit pour cet effet, avec ordre au premier d'en faire la proposition au Père Daniel Angelo Marras, Vice-Provincial, le Père Barnabé de Soto, Provincial, étant absent & employé à faire sa visite. Le Trésorier ayant fait son offre, le Père Marras assembla le Chapitre, & lui répondit, que la Société étoit extrêmement sensible aux marques de confiance qu'on lui témoignoit, qu'elle ne pouvoit se charger de la conduite temporelle de cette expédition, sur le pied qu'on la lui proposoit; mais qu'elle seroit toujours prête à fournir les Missionnaires dont on auroit besoin, ainsi qu'elle l'avoit déja fait dans les expéditions précédentes. Le Trésorier eut ordre de réiterer ses instances, mais la Société persista dans sa première resolution.

Le Conseil étoit tellement persuadé de l'impossibilité de cette conquête, qu'il rejetta la proposition que lui fit le Capitaine François Luzenilla de l'entreprendre à ses dépens, moyennant une petite somme que le Roi lui fourniroit. Cependant la difficulté ne fit que rallumer l'ardeur qu'on avoit pour cette entreprise. Les mêmes motifs de politique & de Religion subsistoient, & l'on reçut bientôt ordre de la Cour d'Espagne de l'entreprendre. Après avoir exactement calculé la dépense, on trouva qu'il ne falloit pas moins de trente mille piastres par an, le Trésorier assurant dans son Mémoire du 14e de Mars, qu'il avoit ménagé la chose avec toute l'économie possible. Là-dessus, on donna ordre d'avancer cette somme à l'Amiral Otondo, pour le mettre en état d'entreprendre une troisième expédition. Il se préparoit à la faire, & l'on étoit sur le point de lui compter l'argent qu'il demandoit, lorsqu'on reçut des lettres d'Espagne, par lesquelles le Roi demandoit 500000 piastres par voie d'emprunt, de même que la Cédule du 22 de Décembre 1685, ordonnant en outre que l'on suspendît l'expédition de la Californie pendant tout le tems que dureroit la guerre avec les Tarrahumares. Voilà comment cette expédition fut suspendue; & quoique la revolte des Tarrahumares fût bientôt appaisée, on ne pensa plus à conquérir la Californie aux dépens du Roi. Il est vrai qu'en 1694, on permit au Capitaine François Itamarra d'y faire une descente à ses propres frais. Il ne fut pas plus heureux que ses prédecesseurs, & rapporta à son retour, que les Indiens de Saint-Bruno, de même que leurs voisins, insistoient à ce qu'on leur envoyât les Missionnaires qu'on leur avoit promis. Telle fut l'issue de tant d'expéditions, qui pendant près de deux siècles coûtèrent des sommes immenses à la Couronne d'Espagne.

HISTOIRE
NATURELLE ET CIVILE
DE LA
CALIFORNIE.

TROISIEME PARTIE.
Réduction de la Californie par les Jésuites, & la conduite qu'ils y ont tenue jusqu'aujourd'hui.

SECTION I.

Arrivée du Père Jean Marie de Salva-Tierra dans la Californie, l'an 1697.

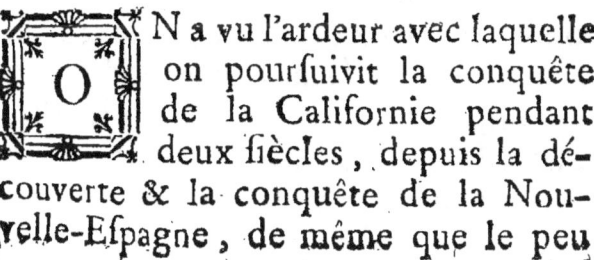ON a vu l'ardeur avec laquelle on poursuivit la conquête de la Californie pendant deux siècles, depuis la découverte & la conquête de la Nouvelle-Espagne, de même que le peu

de profit que l'on tira de cette longue suite d'expéditions. Ferdinand Cortez y employa plusieurs fois toutes les forces qu'il fut en état de lever. Son exemple excita quantité de particuliers à l'entreprendre ; des Gouverneurs, des Amiraux, & des Vicerois y employèrent leur bien. Les Rois d'Espagne eux-mêmes s'en chargèrent : & quel fut le résultat de ces dépenses immenses & de ces efforts prodigieux ? qu'on abandonna la reduction de cette péninsule comme absolument impossible. Elle étoit telle en effet par les moyens dont les hommes ont accoutumé de se servir, mais non point par ceux que Dieu choisit lui-même. Les hommes fondoient le succès de cette entreprise sur leurs armes & sur leur puissance : mais c'étoit la volonté du Ciel qu'on la dût à la douceur & à la politesse de ses Ministres, à l'humiliation de sa Croix, & à la puissance de sa parole. Dieu sembloit attendre que les hommes reconnussent leur foiblesse, pour déployer la force de son bras tout-puissant, & pour confondre l'orgueil du monde, par le moyen des plus foibles instrumens. Peut-être n'a-t-il pas voulu favoriser les premières expéditions que l'on fit dans la Californie, parce qu'elles n'avoient pour objet que les biens temporels, & que la Religion n'étoit qu'un motif accessoire. Il les a au contraire benies lorsqu'on a eu plutôt en vue son royaume que les avantages que la monarchie pouvoit en retirer. Les Conférences de Mexico rompues, & le Roi ayant défendu que l'on fît d'autres expéditions dans la Californie, les Religieux qui avoient accompagné l'Amiral Otondo, furent envoyés dans d'autres missions, ce qui ne les empêcha point de soupirer après la moisson abondante qu'ils avoient vue dans cette contrée, & qui ne demandoit plus pour être cueillie que la faulx de l'Evangile. Le Père Eusèbe François Kino avoit cette conquête d'autant plus à cœur, qu'elle lui paroissoit moins difficile qu'aux autres. Ce Religieux, pour accomplir un vœu qu'il fit à l'article de la mort à Saint François-Xavier, avoit quitté la chaire de Professeur en Mathématiques à Ingoldstadt, où la Maison

Electorale de Bavière l'honoroit d'une affection toute particulière, & s'étoit rendu en Amérique. Il s'étoit proposé ce saint Apôtre pour modèle, & il l'imita dans ses vertus, de même que dans toutes les autres qualités de son esprit séraphique. Il avoit un courage proportionné aux plus hautes entreprises, un zèle infatigable pour l'avancement de la Religion. Son esprit s'accommodoit à toutes les circonstances, & quelques fâcheuses qu'elles fussent, il trouvoit des ressources que les autres ignorent. La connoissance qu'il avoit acquise des sciences lui fournissoit quantité d'expédiens, dont il sçavoit tirer parti dans l'occasion. Sa douceur & sa générosité lui donnoient un ascendant absolu sur l'esprit de tous ceux qui le fréquentoient, sans en excepter même les Sauvages, dont il avoit sçu gagner la confiance par ses manières douces & polies. C'étoit-là l'homme qu'il falloit pour la conquête de la Californie. Cependant, quoiqu'il l'eût conseillée, & même appuyée de tout son pouvoir, il plut au Ciel de choisir une autre personne, dont les bonnes qualités n'étoient en rien inférieures aux siennes. Le Père Kino demanda les missions de Sonora, qui est une province contiguë à la Californie, dans le dessein d'y passer & de la réduire dans la suite du tems.

Dans cette vue, il partit de Mexico le 20 d'Octobre 1686, & parcourut le pays, pour engager les Missionnaires Jésuites à le seconder dans une entreprise aussi glorieuse. Il avoit demandé au Père Général la permission de faire ce voyage. Les Pères François-Marie Piccolo, & François-Xavier Saeta, qui peu de tems après eurent le bonheur de souffrir le martyre à Pimeria, l'avoient aussi demandée. Vers ce tems-là, le Père Jean Marie Salva-Tierra, qui pendant plusieurs années s'étoit distingué par sa mission dans la province de Tarrahumara, revint en qualité de Visiteur dans les missions de Cinaloa & de Sonora. Le Père Kino le rencontra dans ce dernier gouvernement, comme il entroit dans les missions de Pimeria, contrée adjacente aux Apaches idolâtres, à la conversion desquels il travailloit avec un succès égal à son assiduité & à ses travaux. Le Père Salva-Tierra étoit l'homme le plus propre à cette tâche. On trouvoit en lui le même zèle, la même douceur & la même bonté que dans le Père Kino. Dieu, qui l'avoit choisi pour être l'Apôtre de la Californie, l'avoit doué de tous les talens nécessaires pour cet emploi important. Il étoit d'un tempérament fort & robuste, & par conséquent très-propre à supporter le travail & la fatigue. Son jugement & sa prudence lui avoient merité l'approbation unanime de la Société, & l'avoient élevé au poste important qu'il avoit occupé. Adroit & insinuant dans la conversation, il avoit toute l'intrépidité & toute la résolution nécessaires pour la conduite des grandes entreprises. Il étoit généralement estimé par sa sagesse & ses talens, & surtout par ses vertus morales & chrétiennes. Tel fut l'homme que Dieu choisit pour porter l'Evangile chez les malheureux Californiens. Pendant le tems que dura sa visite, le Père Kino l'instruisit de la bonne disposition de ces peuples à embrasser le Christianisme, de même que des moyens qu'il convenoit d'employer pour réussir dans une entreprise, qui avoit coûté tant de peines & de travaux pendant deux siècles. Ils ne parloient d'autre chose dans leur voyage, c'étoit-là le sujet de tous leurs entretiens; & le Père Kino écrit, qu'il fut tellement touché du zèle du Père Jean-Marie de Salva-Tierra, qu'il résolut de mettre tout en usage pour qu'on l'envoyât dans la Californie.

Le Père Salva-Tierra s'y rendit l'année suivante. Je n'entrerai point ici dans le détail des services extraordinaires qu'il rendit, & auxquels on dut l'exécution de ce projet. Il suffira de dire que la Société s'y opposoit, & que trois Provinciaux, savoir, Ambroise Oddon, Diego Almonacir, & Jean de Palacios, lui refusèrent successivement la permission de s'y rendre, regardant l'entreprise comme impossible. L'Audience de Guadalaxara & le Viceroi s'y opposèrent aussi, le trésor étant épuisé, & l'affaire d'Otondo encore récente. Enfin, la Cour de Madrid même s'y opposa malgré les représentations que le Père Salva-Tierra fit à Sa Majesté par l'entremise de son Conseil des Indes. En un mot, tout le monde s'opposa aux desseins de ce bon Religieux. Les difficultés paroissant enfin levées, les Pères Salva-Tierra & Kino se rendirent à Mexico le 8 de Janvier 1696, l'un de Guadalaxara, & l'autre du centre de la province de Pimeria, laquelle est éloignée de plus de 500 lieues de la Capitale. Ils demandèrent tous deux la permission d'aller dans la Californie, & le Père Kino, celle de prendre quelques Missionnaires de plus, pour l'aider à semer le grain de l'Evangile chez les Nations qu'il avoit visitées dans cette province éloignée. Leurs représentations n'aboutirent à rien, & ils furent obligés de s'en retourner, l'un à sa mission de los Pinos, & l'autre chez ses novices de Tepotzotlan.

Le Père Salva-Tierra ne se rebuta point, & demanda une seconde fois au Père Général la permission d'entreprendre cette mission. Ce poste étoit alors occupé par le Père Tyrso Gonzales de Santa-Ella, dont le savoir &
les

les écrits ont fait honneur à l'Univerfité de Salamanque, & dont les miffions qui embraffent tout le royaume, ont procuré des avantages infinis. Il travailla avec fuccès à la converfion des Maures, il protégea les miffions de tout fon pouvoir, & arriva en Amérique affez à tems pour foulager le Père Salva-Tierra, en cas que le Confeil de Mexico approuvât la conquête de la Californie, & la jugeât poffible. Cette permiffion arriva auffitôt après que le Père eut quitté Mexico, & après bien de longues oppofitions, fes Supérieurs confentirent à ce qu'il fît des nouveaux préparatifs pour cette entreprife. L'Audience de Guádalaxara vit alors les chofes dans un jour différent, & entra dans fes vues avec tant de vigueur, que le Solliciteur Don Jofeph de Miranda Villizan, devint fon ami le plus zèlé, & le feconda de tout fon pouvoir. Celui-ci préfenta le 16 de Juillet 1696 une requête à l'Audience, pour l'engager à favorifer cette expédition, & en conféquence, on écrivit au Viceroi pour la lui recommander. Il eft vrai qu'il reftoit encore bien des difficultés, mais elles ne furent pas assez fortes pour ébranler le Père Salva-Tierra.

Ce Religieux se rendit au commencement de l'année 1697 de Tepotzotlan à Mexico, avec un plein-pouvoir des Supérieurs de son Ordre de faire les collectes nécessaires pour commencer une entreprise, à laquelle les flotes & les trésors du Roi n'avoient point suffis. Il y trouva le Père Jean Ugarte, Professeur de Philosophie dans ce Collége. Ce Religieux avoit cette conquête fort à cœur, & possédoit entr'autres talents, celui de savoir ménager les affaires, & de les conduire à une heureuse fin. Mais comme on ne pouvoit entreprendre la conquête de la Californie, sans avoir un Agent à Mexico, assez prudent pour lever les difficultés qui pouvoient survenir, & pour fournir à tems les secours dont on auroit besoin, le Père Ugarte se chargea de cet emploi, & s'en acquita avec tant de soin, que sans cesser de faire sa résidence à Mexico, il assura le succès de l'expédition du Père Salva-Tierra dans la Californie.

Quelque tems après, Don Alonſo Davalos, Comte de Mira-Vallez, & Don Mathieu Fernandez de la Cruz, Marquis de Buena-Viſta, promirent à la Société deux mille écus d'Allemagne, leſquels joints aux libéralités des autres bienfaiteurs, montèrent à quinze mille. Don Pedro de la Sierpe, Tréſorier d'Acapulco, offrit de leur prêter une galiote pour les tranſporter, & leur fit préſent d'une barque longue. Mais comme on ne pouvoit compter ſur cette conquête, faute de fonds qui puſſent produire un revenu annuel, la Congrégation de Notre-Dame des Douleurs de Mexico, fondée dans le Collége de Saint-Pierre & Saint-Paul, donna 8000 écus pour fonder une miſſion, auxquels elle en ajouta dans la ſuite deux mille de plus, ayant calculé qu'il falloit au moins cinq cens écus de revenu à chaque miſſion pour ſubſiſter, vu l'éloignement du pays, & le peu de ſecours qu'on y trouvoit. En outre, Don Juan Cavalero y Ozio, Prêtre de la ville de Queretaro & Commiſſaire de l'Inquiſition, homme extrêmement riche &

généreux, fournit vingt mille écus pour fonder deux autres missions, & promit au Père Salva-Tierra de faire honneur à toutes les lettres-de-change qu'il tireroit sur lui. Ces heureux commencemens encouragèrent les Pères à demander la permission au Viceroi, Comte de Motezuma, Gentilhomme, dont la Nouvelle Espagne ne perdra jamais le souvenir. Le Père Provincial, Jean de Palacios, lui présenta à ce sujet un Mémoire fort élégant & très judicieux. Il rencontra de grandes difficultés dans le Conseil, mais après différentes représentations, voyant qu'on ne demandoit rien au Roi, à qui l'expédition de l'Amiral Otondo avoit coûté deux cens vingt-cinq mille quatre cens piastres, on la lui accorda le 5 de Février 1627. Par l'ordre qu'on expedia au Père Jean-Marie de Salva-Tierra, on lui permettoit, de même qu'au Père Kino, & on l'autorisoit à se transporter dans la Californie à deux conditions : l'une de ne rien dégrader de ce qui appartenoit à la Couronne, & de ne rien prendre au trésor royal, sans un ordre exprès du

Roi; & la seconde, de prendre poſſeſſion du pays au nom de Sa Majeſté. On leur donnoit pouvoir de lever des ſoldats à leurs dépens, pour la garde de leurs perſonnes; de nommer un Commandant, & de le congédier de même que les ſoldats, en en donnant avis au Viceroi. Ils jouiſſoient des immunités ordinaires, & des mêmes prérogatives que s'ils avoient ſervi en tems de guerre. Enfin, on permettoit aux Pères de nommer telles perſonnes qu'ils jugeroient à propos, pour adminiſtrer la juſtice dans le pays nouvellement conquis. Le Père Salva-Tierra, ayant ainſi obtenu ce qu'il demandoit, ſe hâta de quitter Mexico, & après avoir laiſſé au Père Ugarte le ſoin de lever les collectes & les contributions, & de les lui faire tenir à Hiaqui par la voie d'Acapulco, il partit le 7 de Février, emportant avec lui le Cathéchiſme & les papiers du Père Copart. Etant arrivé à Tepotzotlan, il prit congé de ſes Novices, & ſe rendit à Guadalaxara pour conférer avec l'Audience & ſon ami Miranda ſur les moyens qu'il convenoit d'employer, dans cette expédition. De-là, il revint à Cinaloa, pour y donner les ordres nécessaires, & y prendre les deux Californiens que l'Amiral Otondo avoit emmenés avec lui; mais il ne put les trouver. Ils vivoient encore, mais un habitant qui les employoit dans sa ferme, fut assez avare pour les cacher; ce qui lui fit un tort considérable. Il envoya chercher le Père Kino, & en attendant son arrivée, il fit un voyage dans les montagnes de Chinapas, pour visiter sa première résidence. Il vint jusqu'à Sierra de Tarahumara, & comme il s'en retournoit, très-satisfait de l'état dans lequel il avoit trouvé ces Communautés naissantes, il apprit la révolte des Indiens du haut Tarahumara. Allarmé du danger que couroient les Missionnaires, Nicolas de Prado & Martin de Vinavides qui y étoient, & qui n'avoient d'autre défense que la fidélité des nouveaux convertis, il vola à leur secours, & courut avec eux mille dangers de la part des apostats, jusqu'à l'arrivée des Espagnols qui étoient dans la garnison voisine. Il y resta jusqu'à la mi-Août,

& apprit à son retour, que la galiote mouilloit depuis quelque tems à Hiaqui, ce qui l'obligea de s'y rendre en toute diligence. Le Capitaine Jean-Antoine Romero de la Sierpe lui raconta qu'il avoit été sept mois à faire ce trajet, qu'il avoit couru plusieurs dangers, & que son équipage avoit été sur le point de se révolter, lorsqu'il avoit sçu qu'il n'alloit point dans la Californie pour y pêcher des perles, comme il se l'étoit d'abord imaginé. Il resta deux mois dans ce port, tant pour y prendre des provisions, celles qu'on avoit apportées de la Nouvelle-Galice, étant gâtées, que pour attendre quelques soldats qu'on lui avoit offert, & le Père Kino qu'il avoit envoyé chercher. La révolte des Tarahumares fut cause que les soldats ne purent le joindre. Le Père Kino partit sur le champ, mais il fut arrêté en chemin par le Père Visiteur Horatio Police, & Don Domingo Gironza Petris de Crusat, premier Magistrat de la province de Sonora, lesquels craignoient que la révolte ne se communiquât aux autres nations, de manière qu'on nomma en sa place le Père François-Marie Piccolo. Le Père Salva-Tierra, appréhendant quelques nouveaux délais, résolut de se rendre dans la Californie & de ne point l'attendre; & en conséquence, il partit du port d'Hiaqui le 10 d'Octobre 1697, sous l'escorte de cinq soldats, dont les Commandans étoient, Don Louis de Torres Tortolero, Enseigne, & premier Capitaine de la garnison de Californie, Don Estevan Rodriguez Lorenzo, qui servit dans la suite pendant plusieurs années en qualité de Capitaine, Barthelemi de Roblès Figueroa, créole, natif de la province de Guadalaxara, Jean Caravana, matelot maltois, Nicolas Marques, sicilien, & Jean, mulâtre, péruvien. Il y avoit en outre trois Indiens, savoir, François de Tepahui, de Cinaloa, Alonso de Guyavas, de Sonora, & Sébastien, de Guadalaxara.

Le jour marqué ci-dessus, le Père s'embarqua sur sa galiote avec sa petite escorte, accompagné de la barque, dont il ne tarda pas d'avoir besoin; car à peine la galiote fut elle à demi-lieue

lieue du port, qu'elle fut jettée à terre par un coup de vent, & s'engrava dans le fable, de forte qu'on la crut perdue fans reffource. Cependant, à l'aide de la barque & des matelots qui la montoient, on la remit à flot, & l'on fortit de ce mauvais pas. Ils abordèrent le troifième jour dans la Californie, mais la barque s'étant féparée, & ne fçachant fur quelle côte toucher, ils entrèrent dans la baie de la Conception, laquelle eft à 30 lieues au nord de Lorette. Ils reconnurent auffi la baie de Saint-Bruno, où Otondo avoit campé, mais voyant qu'elle étoit trop éloignée de la mer, & qu'on n'y trouvoit que de l'eau faumâtre, ils l'abandonnèrent, d'autant plus que Juan Antonio Romero de la Sierpe, Capitaine de la galiote, s'offrit de leur montrer un endroit plus convenable, qu'il avoit vu dans l'expédition d'Otondo. Cet endroit étoit dans la baie de Saint-Denys, dix lieues au midi de Saint-Bruno, où la côte forme une efpèce de croiffant, dont la largeur d'une pointe à l'autre eft d'environ cinq lieues. Les environs font couverts

Tome I.   B b

d'arbres & de verdure, & l'on trouve à peu de distance du rivage, une quantité suffisante d'eau douce. Ils débarquèrent dans cet endroit le samedi 19 d'Octobre, & furent reçus avec beaucoup de joie & d'amitié par plus de 50 Indiens de la Communauté voisine, outre ceux de Saint-Bruno. On choisit pour camper, un terrein convenable près d'une source d'eau douce, à environ une lieue & demie de la côte, & l'on débarqua les vivres, les animaux & le bagage. Le Père, quoiqu'à la tête de l'expédition, fut le premier à les charger sur son dos. On construisit des barraques pour la garnison, on les environna d'une ligne de circonvalation, & l'on dressa au centre une tente pour servir de chapelle. On planta devant un Crucifix, couronné d'une guirlande de fleurs, & après que tout fut disposé d'une manière convenable, on fut chercher à bord de la galiote l'image de Notre-Dame de Lorette, Patrone de la conquête, & on la plaça dans la chapelle avec beaucoup de solemnité. Immédiatement après, savoir, le 25 d'Octobre de la même année 1697, on prit possession du pays au nom de Sa Majesté. Cela fait, le Père Salva-Tierra s'appliqua à apprendre la langue des Indiens & à les instruire, destinant certaines heures réglées à cet exercice. Ceux-ci se rendoient chez lui, & repétoient les prières & les articles du Cathéchisme qu'il leur avoit lus, avec le secours des papiers du Père Copart, ensuite de quoi le Père écrivoit leur discours, pour se mettre mieux au fait de leur langue. Il s'entretenoit souvent avec eux, de même qu'avec les autres Indiens, pour corriger les fautes qu'il pouvoit commettre dans les mots & la prononciation. Il employa divers expédiens pour se mettre plus promptement en état d'instruire les enfans en Espagnol, mais ceux-ci, de même que les adultes, se mocquoient souvent de sa mauvaise prononciation, d'une manière fine & spirituelle. La leçon finie, il distribuoit à ceux qui avoient assisté aux exercices une portion de pazoli ou de maïz cuit dans l'eau. Je suis persuadé que quantité de gens regarderont ces particularités comme triviales & indignes d'avoir place dans un ouvrage tel que celui-ci; mais je prie le lecteur de les peſer dans la balance de la raiſon. Qu'il conſidère lui-même, quel ſpectacle agréable ce doit être, même pour la Divinité, de voir un homme qui eût pu acquérir une fortune conſidérable dans les emplois ſéculiers, & qui avoit vécu juſqu'à lors paiſiblement & avec honneur dans l'ordre qu'il avoit embraſſé, ſe bannir volontairement de ſa patrie & du ſein de ſes parens pour aller dans l'Amérique. Qu'après y être arrivé, il ſe demet de ſes emplois, & renonce à la vie paiſible qu'il menoit, pour s'expoſer à mille travaux & à une infinité de fatigues, vivant parmi les Sauvages, toujours en danger de périr, ſans autre motif que celui de convertir les Indiens. Que chacun ſe demande à ſoi-même, ſi pour tous les biens du monde, il ſeroit capable de prendre une pareille réſolution ? il reconnoîtra bientôt l'importance & la dignité que ces actions, si méprisables en apparence aux yeux des hommes, reçoivent de la sublimité des motifs qui les dictent.

SECTION II.

Différens incidens arrivés jusqu'à l'entrée du Père François-Marie Piccolo dans la Californie.

CETTE petite garnison établie, le Père Salva-Tierra envoya la galiote à la rivière d'Hiaqui, pour aller chercher le Père Piccolo, les soldats & les provisions qui y étoient, ordonnant au Capitaine de voir, chemin faisant, s'il ne rencontreroit point la barque longue. La galiote partit de Saint-Denys le 26 d'Octobre, & le Père resta à la garnison, faisant les fonctions, non-seulement d'un Missionnaire & d'un père de famille, mais encore d'un Officier & d'un soldat, donnant les ordres, & faisant sentinelle aux heures marquées, dont bien lui prit. Les Indiens, qui aimoient beaucoup le pozoli ou maïz cuit, dont on leur donnoit un demi-boisseau par jour, voulurent en avoir davantage, quoiqu'ils n'assistassent point au Catéchisme. On le leur refusa, & ils s'en plaignirent, & malgré le soin qu'on prit de les appaiser, ils en vinrent au point d'en escamoter dans les sacs, si bien qu'on fut obligé de les transporter ailleurs pour les mettre à couvert. Cette conduite ne servit qu'à irriter davantage leur apétit & leur ressentiment, & se fiant sur la supériorité de leur nombre, ils résolurent, pour s'en emparer, de se défaire du Missionnaire & des Espagnols. Quelques-uns des mieux intentionnés leur reprochèrent leur ingratitude & leur brutalité, mais cela n'aboutit à rien. Cependant, avant que d'en venir à une guerre ouverte, ils se jettèrent sur le peu de chevres & de brebis qu'on avoit apportées, & qui paissoient dans un espèce de parc, donnant à entendre par leurs mouvemens qu'ils avoient dessein d'insulter le camp. Le Père, quoique instruit de leur légéreté, ne laissa pas de continuer ses exercices ordinaires, & de leur distribuer le pozoli. Ils avoient choisi la nuit du 31 d'Octobre pour donner un assaut général. Le Missionnaire fut averti de leur dessein par un Cacique Indien, lequel étant tombé malade, l'avoit prié de lui adminiſtrer le Baptême, & qui fut le premier qui le reçut. Cette nouvelle lui cauſa les plus vives allarmes; cependant, il ſe repoſa ſur la Providence, ne doutant point qu'elle ne le ſecourût par quelque voie extraordinaire. On entendit à minuit un coup de mouſquet, auquel on répondit du camp. Auſſitôt après, on tira un coup de pierrier du côté de la mer, & on en tira un autre du camp, que le Capitaine de la galiote y avoit laiſſé, ſur quoi les Indiens de la communauté la plus prochaine & d'autres qui s'étoient avancés pour nous attaquer, furent ſaiſis d'une terreur panique. Nos gens s'imaginant que c'étoit la barque longue qu'ils croyoient s'être perdue, lui firent crier par un Indien qui étoit avec eux, qu'ils étoient des Eſpagnols qui venoient à ſon ſecours. Le lendemain matin, ils apperçurent un vaiſſeau près de l'île del Carmen, lequel au lieu de s'approcher de la côte, alla mouiller à celle de los Coronados, ſur quoi on y envoya un matelot avec une petite barque. Il revint avec un billet de Don Juan, Capitaine de la galiote, dont le contenu étoit, qu'ayant été fur l'autre côte, fix lieues au-deſſus d'Hiaqui, le mauvais tems l'avoit rejetté fur la côte de Californie, & qu'il alloit reprendre fa route.

Le vaiſſeau, qui tenoit les Indiens en bride, ayant difparu, ils reprirent leur premier deſſein, invitant au meurtre & au carnage la plûpart des branches de leur nation, entr'autres celle de Lorete, les Ligues, les Monquis, les Didyus, les Laymones, & quelques-uns des Edues méridionaux. Leurs infolences obligèrent les Eſpagnols à en venir à quelques ecarmouches, dans lefquelles ils les ménagèrent du mieux qu'il leur fut poſſible, leur faifant fentir en même tems le danger qu'il y avoit de les attaquer. Le Père Salva-Tierra évita dans la fuite de leur donner aucun fujet de mécontentement, fans oublier cependant les précautions néceſſaires dans pareilles occaſions. Les chofes en étoient-là, lorfqu'un léger incident occofionna une rupture ouverte. Une nuit du mois de Novembre les Laymones profitant de l'obscurité, entrèrent dans le camp, détachèrent le seul cheval que le Père Salva-Tierra eût pu amener, & l'emportèrent dans le dessein de le manger. Le cheval ne s'étant point trouvé le matin, Estevan Rodriguez & Juan Caravana, s'offrirent de l'aller chercher jusqu'à ce qu'ils eussent découvert le voleur. C'étoit une témérité à deux hommes d'aller tous seuls dans un pays inconnu, & qui plus est chez des ennemis, pour les châtier du vol qu'ils venoient de faire. D'un autre côté, outre le besoin qu'on avoit du cheval, il convenoit d'en agir de la sorte, les Indiens, comme je l'ai observé ci-dessus, perdant aisément courage, lorsqu'ils trouvent des gens qui leur tiennent tête, & devenant insolents lorsqu'on plie devant eux. Quelques Indiens, amis des Espagnols, qui étoient venus au camp, voyant la généreuse résolution de ces deux hommes, & étant indignés de l'injure que leurs compatriotes leur avoient faite, offrirent de les accompagner. Ils partirent, & étant arrivés au sommet d'une montagne qui étoit à deux lieues de là, ils virent au bas les voleurs qui écorchoient le cheval, lesquels voyant les Espagnols, s'enfuirent & le laissèrent tout entier. Les soldats le distribuèrent aux Indiens qui les avoient suivis, & s'en retournèrent au camp. Dès ce moment, les mécontens ne songèrent plus qu'à faire toutes les dispositions nécessaires pour nous attaquer avec avantage, mais telle étoit la stupidité de la plûpart d'entr'eux, qu'ils continuoient de venir au camp, sous prétexte de se faire batiser, pour manger du pozoli, se reposant sur la patience du Père, dont ils recevoient, mais en vain, toutes sortes de politesses. Cependant, la garnison étant obligée d'être continuellement sous les armes, il étoit absolument impossible qu'une poignée d'hommes pût résister longtems à une pareille fatigue. Ils étoient exposés pendant le jour à l'ardeur du soleil, & la nuit à la pluie, sans savoir où se mettre à couvert; car on ne leur avoit point envoyés des tentes de la Nouvelle-Espagne, dans la croyance qu'il ne pleuvoit jamais dans la Californie, laquelle étoit fondée sur la sécheresse qui avoit regné du tems de l'Amiral Otondo.

A la fin, l'insolence & la haine des Indiens augmentant tous les jours, & leurs mauvais desseins s'étant manifestés par plusieurs accidens de peu d'importance, le 13 de Novembre, jour de la fête de Saint Stanislas Kosca, les Indiens des quatre nations ou branches s'assemblèrent, pour frapper le coup décisif.

Pour nous attaquer à notre désavantage, quelques-uns d'entr'eux vinrent au camp vers midi pendant que nos gens étoient à dîner. Le sentinelle voulut les empêcher d'entrer, mais un d'eux qui étoit le plus hardi, la colleta & lui arracha le bâton qui lui servoit de halebarde. La sentinelle s'étant mise à crier, Tortoloro courut à son secours, & reprit le bâton à l'Indien, ce qui intimida si fort la Compagnie, qu'elle se battit en retraite. Mais un moment après, nos gens furent allarmés par les cris de l'Indien Alonso de Tepahui, lequel gardoit un petit troupeau de pourceaux & de moutons dans une vallée couverte de buissons & de glayeuls, & qui avoit été attaqué par un autre parti. On courut à son secours & l'on ramena ces animaux au camp. Cette première tentative fut suivie d'une pluie de pierres & de flèches de la part des cinq cens Indiens, lesquels s'étoient partagés en quatre compagnies, pour attaquer le camp par autant de côtés. Il n'étoit resté qu'un seul Californien dans le camp, de manière que notre petite garnison, qui n'étoit composée en tout que de dix hommes, fut obligée de faire front par tout. Tortolero, en qualité de Capitaine, choisit le poste le plus dangereux, lequel étoit en face de la Valiée, avec Barthelemi de Robles; le côté opposé étoit défendu par l'Indien Alonso de Tepahui, & Jean, mulatre péruvien; l'Indien Marcos Guazayas, homme distingué par son courage & son activité, se chargea de défendre le côté qui regardoit le rivage. Le poste qui restoit, étoit défendu par Estevan Rodriguez, Portugais, Jean Caravana, maltois, qui avoit servi sur le vaisseau des Philippines.

se chargea du pierrier qu'on avoit placé à la porte du camp. Nicolas Marques, sicilien, qui avoit quelque connoissance de l'artillerie, étoit posté quelques pas au-dessous, pour qu'il pût le secourir en cas de besoin. Le Père, accompagné de Sébastien, son Indien, se posta au centre, pour pouvoir plus aisément se porter dans les endroits où sa présence seroit la plus nécessaire. Ces dispositions faites, les compagnies des quatre Nations s'avancèrent en jettant un grand cri, & attaquèrent le camp par quatre différens endroits, mais ils furent repoussés par la vigueur extraordinaire de nos gens, & avec peu de perte de leur part ; le Père Salva-Tierra ayant défendu que l'on tirât sur eux, excepté à la dernière extrêmité. Ils revinrent plusieurs fois à la charge deux heures durant, sans gagner un seul pouce de terrein, jettant des pierres & de la terre contre les retranchemens, mais ils se retirèrent lorsqu'on y pensoit le moins, & l'action cessa. Nos gens s'imaginèrent qu'ils s'étoient repentis de l'injure qu'ils nous avoient faite, ou qu'ils désespéroient de remporter quelque avantage sur nous ; mais dans moins de demi-heure, ils retournèrent à l'assaut avec plus de fureur que jamais, après avoir renforcé leurs compagnies. Nos gens, qui avoient fait jusqu'alors des prodiges de valeur, se virent tellement serrés, que le Capitaine donna ordre à Carayana de décharger le pierrier ; mais malheureusement cette piece sur laquelle on comptoit le plus, créva, sans causer d'autre dommage que de renverser le Maltois, lequel resta quelque tems sans connoissance, & sans faire la moindre exécution parmi les Indiens. Ce malheur ranima leur courage, & la compagnie contre laquelle on l'avoit pointé, envoya dire aux autres, que puisque le pierrier ne tuoit point, elles devoient être assurées que les petites pièces ne leur feroient aucun mal. Ce qui le leur fit croire, fut que le Père avoit ordonné à nos gens de tirer en l'air. A la fin l'attaque devint si vive, que le Capitaine jugea qu'il étoit tems de tirer sur eux ; cependant dans cette extrêmité, le Père Salva-

Tierra, qui se faisoit une peine de les détruire, aborda ceux qui étoient les plus avancés, & les conjura de se retirer, & de ne point s'exposer à une mort certaine. Ils lui tirèrent trois flèches, qui heureusement le manquèrent, sur quoi il se retira, & les Indiens suivirent son exemple. Ils avoient perdu très-peu de monde, mais les armes à feu leur causèrent tant de frayeur, qu'ils s'enfuirent précipitamment vers leurs *rancherias*.

Nos gens, qui s'attendoient à une seconde attaque, ne rabattirent rien de leur vigilance; mais ils virent venir peu de tems après des messagers de paix. Le premier étoit le Cacique Indien, lequel étant entré dans le camp, assura à nos gens les larmes aux yeux que c'étoient les Indiens des *rancherias* voisines qui lui étoient soumises, qui avoient tramé ce complot, & qui ne se sentant point assez nombreux, avoient ameuté les autres nations, lesquelles irritées de la mort de leurs camarades, avoient voulu la venger, mais que les uns & les autres se repentoient sincèrement de ce qu'ils avoient fait.

Les

Les femmes parurent quelque tems après avec leurs enfans ; elles venoient pour négocier la paix à la façon de leur pays. Elles s'affirent en pleurant à la porte du camp, promettant de ne plus retomber dans la même faute, & offrant leurs enfans pour ôtages de leurs promesses. Le Père Salva-Tierra les écouta avec sa douceur ordinaire, leur représenta le tort qu'avoient leurs maris, & leur promit, s'ils vouloient se mieux conduire, de faire la paix avec eux, & d'oublier le passé. Il leur fit même quelque petits présens, & pour dissiper les soupçons qu'elles pouvoient avoir, il prit un de leurs enfans en ôtage, & elles retournèrent chez elles. Lorsque la nuit fut venue, on rendit solemnellement graces à Dieu, à sa sainte Mère, & à Saint Stanislas, des faveurs qu'ils avoient bien voulu accorder aux Espagnols. En effet, il paroît impossible que sans l'assistance signalée du Dieu des Armées, dix hommes attaqués par plusieurs endroits à la fois, eussent pu se défendre contre 500 Sauvages. On observa encore que la plûpart des flé-

Tome I.   C c

ches qu'ils tirèrent, tombèrent au pied de la Croix, & qu'il n'y en eut pas une qui l'atteignit, non plus que la tente qui lui servoit de chapelle. Lorsqu'on vint à s'informer des blessures que nos gens avoient reçues, on n'en trouva que deux qui eussent été blessés, savoir, Tortolero & Figueroa, encore leurs blessures étoient-elles si légères, qu'elles ne les empêchèrent point de se battre. Ils eurent soin de les cacher aux Indiens, & attendirent que la nuit fût venue pour les montrer à leurs camarades. Ils adorèrent la Croix comme l'étendard de la foi, ils invoquèrent la Vierge comme leur protectrice, & résolurent unanimement de rester dans le pays, quand même la barque longue auroit péri, & que la galiote ne reviendroit plus.

Toute la garnison fut se coucher cette nuit là, excepté le Père Jean-Marie. Comme il se préparoit le matin à dire une Messe d'action de grâce à Notre-Dame de Lorette, la sentinelle cria, voile, voile ; sur quoi toute la compagnie étant sortie, on découvrit peu de tems après la barque longue, laquelle entra dans la baie chargée de provisions, & salua la garnison de plusieurs coups de canon. La joie qu'ils eurent de la revoir augmenta beaucoup par le récit qu'ils se firent réciproquement de leurs avantures. Les gens de la barque leur racontèrent qu'après avoir perdu la galiote de vue dans le premier voyage, ils avoient couru quelque tems de côté & d'autres pour la trouver, sans pouvoir y réussir, ce qui les avoit obligés de retourner à la rivière d'Hiaqui. Que quant à la galiote, elle ne tarderoit pas d'arriver avec le reste des troupes & les provisions; qu'ayant échoué sur la côte d'Hiaqui, le Père Diego Marquina avoit prié à genou les Indiens de la mettre à flot, ce qu'ils avoient fait, & qu'elle étoit rentrée dans le port pour se radouber & prendre sa cargaison. Le Père Salva-Tierra, ranimé, tant par la victoire qu'il venoit de remporter, que par l'arrivée inattendue de ce secours, reprit ses exercices ordinaires, & fit distribuer du maïz aux Indiens voisins, de même qu'à ceux qui étoient restés attachés à la garnison, lesquels vinrent au camp les uns après les autres pour se justifier du mieux qu'ils purent. Après leur avoir reproché en peu de mots leur conduite, pour ne leur laisser aucun soupçon, il leur fit quelques petits présens, & leur témoigna toute sorte d'affection. Les Conspirateurs des communautés voisines de Saint-Denys furent bientôt obligés de venir faire leurs soumissions; car les Monquis, regrettant la mort de ceux de leurs camarades qui avoient péri dans l'action, avoient résolu de s'en venger sur eux, comme étant les auteurs du malheur qui étoit arrivé. Ils vinrent donc trouver les Espagnols, & leur remirent toutes leurs armes, comme un témoignage de leur soumission & de leur bonne volonté. Ils demandèrent la permission de s'établir près du camp, ce qu'on leur accorda, & ils firent une seconde ligne pour se mettre en sûreté. Les Monquis n'osèrent point les attaquer; le Père Jean-Marie reconcilia les deux nations, & elles revinrent au camp sans se faire la moindre insulte.

Le Missionnaire profita de cette tranquillité, pour consacrer à Dieu les prémices de la Californie. Les premières furent le Cacique dont j'ai parlé ci-dessus, lequel tomba malade deux jours avant l'assaut. Il étoit du territoire de Saint Bruno. Il avoit appris du tems de l'expédition de l'Amiral Otondo les premiers élémens de la foi, & témoignoit beaucoup d'envie d'être batisé. Sa maladie étoit un cancer malin, dont Dieu voulut bien arrêter les progrès jusqu'à l'arrivée de ce digne Missionnaire. Le Cacique n'eut pas plutôt appris sa venue, qu'il vint le trouver au camp, criant du mieux qu'il put, pour se faire entendre, *Señor Almirante*. On le fit aussitôt entrer, & on le reçut avec beaucoup de politesse. Il demanda par leurs noms les Pères qui avoient été jadis dans le pays, de même que quelques soldats qu'il avoit connus. Il témoigna beaucoup de candeur & de fidélité, & un desir extrême d'être batisé. Comme il avoit déja reçu les instructions nécessaires, & que sa maladie augmentoit, on le batisa le 11 de

Novembre. Il demanda avec beaucoup d'inſtance que l'on voulût accorder la même grâce à ſes deux fils, dont l'un avoit quatre ans, & l'autre huit. Le premier fut immédiatement admis, & le ſecond, après avoir été dûment inſtruit, fut également baptiſé, le 14º jour après la victoire. Ce Cacique s'appelloit *Ibo*, nom qui dans leur langue ſignifie le Soleil. Il reçut ſur les Fonts celui de Manuel Bernardo, & le fils fut appellé Bernardo Manuel, les Vices-rois l'ayant prié de nommer ainſi les deux premiers Californiens qui embraſſeroient le Chriſtianiſme. *Ibo* mourut dans le même mois d'Octobre avec beaucoup de tranquillité, priant Dieu, & adorant les ſecrets impénétrables de ſa divine Providence. On batiſa auſſi deux autres enfans ſous les noms de Juan & Pedro, en mémoire de Don Juan Cavalero y Ozio, & Don Pedro Gil de la Sierpe, auxquels la miſſion avoit des obligations infinies. Le cinquième Baptême fut celui d'un Indien qui avoit été bleſſé dans l'action, & que les ſoldats, par un accident ſingulier, ou plutôt par la disposition de la Providence, trouvèrent tout seul dans une hutte. Après avoir reçu le peu d'instruction que son état permettoit de lui donner, il demanda avec instance qu'on lui administrât le Batême; & comme si c'eût été tout ce qu'il desiroit, il mourut la nuit même, ce qui édifia tout le camp.

Les affaires de dehors étant ainsi réglées, le Père voulut aussi regler celles de la garnison. Pour cet effet, ayant assemblé les soldats & l'équipage de la barque longue, il leur lut les instructions du Viceroi, les instruisit de leurs immunités & de leurs priviléges, de même que de leurs devoirs & de leurs obligations. Il nomma Don Louis de Torrez Tortolero Capitaine, créa plusieurs autres Officiers subalternes, & égla tout ce qui concernoit le travail & les exercices de dévotion. Il leur ordonna de s'assembler le samedi suivant, pour ouir un exemple & une exhortation à la dévotion, à l'imitation des vertus de la très-Sainte Vierge, les avertissant qu'on observeroit la même chose tous les Dimanches, conformément à l'usage introduit par la Société, dans plusieurs provinces de la Nouvelle-Espagne. Cet hommage fut si agréable à la Vierge, que le même samedi, 23 de Novembre, il lui plut de leur donner des marques visibles de sa protection de la manière que ce même Religieux le rapporte à la fin de la relation qu'il a donné de son entrée dans la Californie. Ce qui nous consola beaucoup, dit-il, fut, que samedi passé, jour auquel on commença d'établir dans le pays les dévotions à l'honneur de la Vierge, & de sa sainte maison de Lorette, nous vîmes paroître entre l'île de los Coronados & la pointe de cette baie, la galiote, laquelle poussée par un bon vent, vint mouiller le samedi même près de notre camp. Notre joie augmenta, lorsque nous apprîmes qu'elle amenoit le Père François-Marie Piccolo, Missionnaire vétéran, lequel, après avoir exercé l'emploi de Visiteur, & fondé des Eglises pour les missions parmi les Tarahumares, qui étoient demeurés fidèles, se démit généreusement de

cet

cet emploi, pour venir travailler à la conversion des pauvres Californiens. Je ne puis exprimer le plaisir que me causa son arrivée, à laquelle je m'interessois bien moins pour moi, que par rapport aux Espagnols & aux Indiens, dont la conversion me parut dès-lors assurée, espérant que l'étendard du Christ ne sortiroit plus de ces contrées, non plus que celui de Marie sa sainte fondatrice, que je priai de vouloir établir les fondemens de sa maison parmi ses élus.

Il étoit tems de donner de nos nouvelles aux habitans de la Nouvelle-Espagne, lesquels attendoient avec impatience de savoir le succès de notre conquête. Il étoit juste encore de renvoyer la galiote à celui qui l'avoit prêtée. En conséquence le père Salva-Tierra donna ordre au Capitaine de retourner à Acapulco, & le chargea de quelques lettres pour les principaux bienfaiteurs de la mission. Ces lettres étoient animées d'un esprit si apostolique, il y règnoit de si grands sentimens de douceur, d'amour, d'humilité & de reconnoissance, qu'on en imprima quatre, que j'insérerois volontiers ici, si je ne craignois d'user de redites inutiles. Il y en avoit une pour le Viceroi, & une autre pour son épouse, Dona-Maria-Andrea Guzman y Manrique, protectrice signalée de l'expédition ; une troisième pour Don Juan de Cavalero y Ozio, & une quatrième très-circonstanciée pour le Père Ugarte. Il écrit au Viceroi, que dans l'impossibilité où il est de reconnoître par des services réels & effectifs les obligations qu'il a aux bienfaiteurs, aux commandans, aux soldats & à tous ceux qui ont favorisé son entreprise, il ne cesse de les recommander dans ses prières à la providence & à la bonté divine. Il le prie de vouloir envoyer le détail de ce qui s'est passé au Reverend père Tyrso Gonzales, Général de l'Ordre, à Sa Majesté Charles II, & à son Conseil des Indes, afin qu'elle daigne envoyer les ordres & lui accorder la protection nécessaires pour cette conquête spirituelle. On verra dans la suite qu'elle fut l'issue de cette affaire, de même que les difficultés qu'on eut à essuyer.

SECTION III.

Evènemens des deux premières années: Tentatives pour pénétrer dans l'intérieur de la Californie, jusqu'à l'établissement de la seconde Mission de Saint-Xavier.

COMME on n'avoit plus rien à craindre des Indiens après la paix qu'on venoit de conclure avec eux, les différens membres de la petite garnison, encouragés par les deux Missionnaires, travaillèrent à construire quelques petits ouvrages pour la défense du camp, & à bâtir quelques édifices dont on ne pouvoit absolument se passer. On élargit le fossé, on l'entoura d'une palissade, dont on garnit le vuide avec des branches d'arbres garnies de piquans, & l'on bâtit une chapelle de pierre & de terre glaise, que l'on couvrit de chaume. On construisit aussi trois petits logemens, l'un pour les Missionnaires, l'autre pour le Capitaine, & le troisième pour servir de magasin, & tout-auprès des baraques pour les soldats. Le jour de Noël, que l'on avoit choisi pour faire la Dédicace de la chapelle, étant venu, on célébra six messes, & l'on fit des réjouissances. Aussitôt après, on envoya la barque longue à Cinaloa, avec des lettres pour les Missionnaires Jésuites de cette province, par lesquelles on les prioit d'envoyer des provisions & cinq soldats pour les aider à la construction des ouvrages. En attendant son retour, les Pères travaillèrent à se mettre au fait de la langue du pays, à instruire les Indiens & à les civiliser. On reconnut quelques mois après l'utilité de ce renfort dans une espèce de bataille rangée qui se donna à l'occasion que voici. Les Indiens à force d'assister journellement à l'explication du Catéchisme, furent enfin persuadés que les Espagnols n'étoient point venus dans le dessein de pêcher des perles, ni de les échanger, vu qu'ils ne faisoient ni l'un ni l'autre, mais dans l'intention d'établir dans la Californie une nouvelle Religion, dont ils leur enseignoient les mystères. Ce fut-là justement ce qui allarma les Magiciens où les premiers Docteurs de la nation, lesquels conservoient toujours leur autorité parmi ces Sauvages. Les premiers sentant leur pouvoir, de même que l'intérêt qu'ils avoient à entretenir les Indiens dans leur croyance, pour ne point perdre les profits qu'ils en tiroient, se déclarèrent ouvertement contre la nouvelle doctrine, & contre les étrangers qui la prêchoient. On ne s'entretint plus dans les compagnies & dans les rancherias que de ce qu'on avoit ouï-dire dans le camp, & les esprits s'échauffant de plus en plus, il se forma deux partis, dont l'un tenoit pour les Missionnaires, & l'autre pour les Magiciens. Ceux-ci n'oublièrent rien pour enflammer la haine de leur parti; & comme le père Salva-Tierra n'avoit pu amener avec lui les Indiens Chrétiens qui avoient suivi l'Amiral Otondo, les Magiciens profitèrent de cette circonstance, & firent courir le bruit dans tout le pays, que les Espagnols n'étoient venus que pour les emmener dans le leur, ce qui donna lieu à quantité de plaintes. Ils eurent soin de fomenter ce mécontentement jufqu'au mois d'Avril 1698, qu'il éclata en une guerre ouverte, par une infulte à laquelle nos gens ne s'attendoient point.

Le hazard fit qu'une chaloupe que la galiote avoit laiffée, vint mouiller près de la barque longue qui étoit dans la baie. Les mécontens formèrent le deffein de l'enlever, foit pour s'en fervir pour la pêche, ou fimplement pour commencer les hoftilités. Pour cet effet, ils prirent le tems que nos gens étoient à dîner, & ils réuffirent d'autant plus aifément, qu'il n'y avoit que deux hommes dans la barque longue pour la garder. Un d'eux fe rendit au camp pour donner avis de ce qui venoit d'arriver. Là-deffus, le capitaine Tortolero prit avec lui douze hommes bien armés, & s'étant rendu fur la côte, il apperçut de loin deux corps d'Indiens, dont l'un étoit dans la chaloupe, & l'autre fur le rivage ; celui-ci étoit le plus nombreux. Quelques-uns des derniers s'avancèrent pour l'arrêter, & les autres ayant tiré la chaloupe à terre, la brifèrent à coups de pierres, & s'enfuirent dans les bois. Nos gens étant arrivés, la trouvèrent hors d'état de pouvoir être radoubée. Comme les auteurs de cette insulte s'étoient enfuis, on résolut de les chercher le long de la côte. Les Espagnols se partagèrent en deux compagnies & se donnèrent rendez-vous à une pointe de terre qui avance dans la mer. Figueroa, trois Soldats & un Californien, ayant enfilé un sentier, tombèrent dans une embuscade de plus de 50 Indiens, lesquels firent pleuvoir sur eux une grêle de pierres & de flêches. Nos gens firent feu sur eux, manœuvrant de façon qu'ils ne pussent les investir, sur quoi le Californien courut trouver le Capitaine, lequel n'avoit pu entendre les coups de fusils, à cause du bruit de la mer & du vent qui étoit extrêmement fort. Ces quatre braves Soldats tinrent ferme, malgré la supériorité des Indiens, dont le nombre augmentoit continuellement. L'intrépide Figueroa eut la levre fendue d'un coup de pierre, & un autre soldat fut blessé d'un coup de flêche. La crainte des mousquets, & surtout la protection de Dieu & de Notre-Dame de Lorette, Patrone de la mission, empêcha les Indiens de les prendre vivans. Les munitions commençoient à leur manquer dans le moment que le Capitaine & les autres cinq soldats arrivèrent. Les Indiens étoit plus de cent, & tous se battoient en vrais désesperés. Après plusieurs attaques réiterées, auxquelles nos gens étoient sur le point de succomber, la nuit vint qui sépara le combattans; les Indiens sonnèrent la retraite avec leurs sifflets, & laissèrent, comme ils l'avouèrent depuis, sur le champ de bataille, quelques morts & un plus grand nombre de blessés. Cette victoire, dont on rendit de très-humbles actions de grâce à Notre-Dame de Lorette, contribua beaucoup à humilier les factieux; ils retournèrent peu à peu au camp, se mêlant parmi les Indiens qui nous étoient restés fidèles. Le Capitaine vouloit en châtier quelques-uns, pour servir d'exemple aux autres, mais le Père s'y opposa, d'autant plus que les séditieux témoignèrent leur repentir & leur humiliation; on apporta au camp les débris de la chaloupe, de sorte qu'on publia une amnistie générale.

On célebra la Semaine-Sainte avec une parfaite tranquillité, ce qui ne causa pas moins d'étonnement que de plaisir aux Indiens. On envoya aussi-tôt après la barque longue à la riviere d'Hiaqui pour y prendre des vivres, en attendant des habits, des meubles & des provisions, qu'on avoit demandées à Mexico, & qu'on espéroit de recevoir dans le courant du mois d'Avril. Après le départ de la barque, les Missionnaires s'appliquerent avec un nouveau zèle à l'instruction des Californiens, à apprendre leur langue. Pour mieux y réussir, & se précautionner contre la légèreté des Indiens, le père Piccolo se chargea d'instruire les garçons & les filles, qu'il faisoit venir dans le camp pendant que le père Salva-Tierra alloit dans la campagne catéchiser les adultes, si bien que par ces sages mesures, leurs enfans étoient comme autant d'ôtages de leur fidelité. La semence de l'Evangile commençoit à fructifier par l'assiduité, le travail & la patience des Missionnaires, lorsque les Indiens s'absentèrent dans le mois Juin pour aller faire la récolte des pitahayas, qui commence dans ce tems là, & qui est pour eux un sujet de divertissement. Cette retraite, dit le père Salva-Tierra, nous chagrinoit beaucoup, d'autant plus que la moisson commençoit à meurir, à l'aide des instructions qu'ils avoient reçues pendant sept mois & plus, & dont ils avoient si bien profité, que c'étoit un plaisir de les voir & de les entendre. Les garçons & les filles catéchumènes, & à qui l'on avoit appris l'office de la Sainte-Croix & les autres dévotions, m'arrachoient souvent les larmes. Un jeune garçon, entr'autres, appellé Juanico Cavalero, qui n'avoit pas encore quatre ans, sa petite calote sur la tête, & une baguette à la main, interrogeoit ses camarades, mettant son petit doigt sur sa bouche, lorsque quelqu'un parloit, n'écoutoit point, ou se battoit; il prenoit quelque fois les chapelets & les reliquaires des soldats, & se mettant à genou les baisoit, les appliquoit sur ses yeux, & ordonnoit aux Espagnols d'en faire de même ; & s'il arrivoit que quelqu'un ne l'écoutât point, il ne le laissoit point en repos qu'il ne se fût mis à genoux, & qu'il n'eût baisé, ou un crucifix, ou un reliquaire, si bien que tout le monde étoit charmé des importunités de cet enfant.

Dieu recompensa les travaux des Pères par la joie qu'ils eurent de batiser quelques enfans & quelques adultes dont la vie étoit en danger, en quoi l'on vit quantité de preuves remarquables de la miséricorde divine, en dépit des mauvais esprits, dont la rage se manifestoit par l'entremise des magiciens. Il y eut plusieurs adultes qui demandèrent à l'être, ce que les Pères leur refusèrent, dans la crainte qu'ils eurent qu'ils ne désertassent la Mission.

Indépendamment du chagrin que causoit à nos gens l'absence des Indiens, ils se virent à la veille de mourir de faim faute de vivres. Il y avoit plus de deux mois que la barque étoit partie, de manière que tout le monde crut qu'elle avoit fait naufrage, le tems ayant été très orageux. On ne recevoit aucun secours de Mexico, & le besoin étoit si pressant, qu'à la mi-Juin, toutes les provisions se trouvèrent réduites à trois sacs de farine mal moulue, & à trois de maïz entièrement piqué des mites.

La consternation étoit si grande & si générale, que le père Salva-Tierra lui-même, commence la narration dont il accompagna la lettre dont j'ai parlé ci-dessus, en ces termes. « Je commence cette narration sans
» savoir s'il me restera assez de vie pour
» l'achever, car à l'heure que je l'écris,
» nous nous trouvons dans une disette
» générale de toutes choses. Comme
» elle augmente tous les jours, & que
» je suis le plus âgé de tous ceux qui
» sont dans le camp de Notre-Dame
» de Lorette, il y a toute apparence
» que je payerai le premier le tribut
» que tous les hommes doivent à la
» Nature. » Mais ce qu'il y a de plus admirable, est qu'au milieu de tant de travaux & de dangers, les Pères furent assez heureux pour contenir

dans le devoir une garnison composée de gens de différentes nations, dont la plûpart avoient auparavant mené une vie extrêmement libertine & licencieuse. Quoiqu'ils fussent alors au nombre de vingt-deux, on n'entendit jamais la moindre querelle, ni le moindre blasphême, ni la moindre parole deshonnête. Ils continuèrent d'assister aux exercices de dévotion, s'encourageant les uns les autres à la mort, pendant la neuvaine que les Pères avoient indiquée pour implorer le secours de la Patrone de la mission. Les Missionnaires leur ayant dit dans un sermon sur le blasphême, qu'il y avoit une ville dans l'Allemagne où l'on mettoit à l'amende ceux qui juroient, ils résolurent unanimement de suivre cette coutume, & de déduire de la paye de ceux qui y contreviendroient une somme qu'on employeroit à se régaler. On établit quelques Soldats pour la recevoir, & lorsqu'il arrivoit à quelqu'un de jurer, ils ne le quittoient point qu'il n'eût payé l'amende. On bannit par-là en peu de tems les juremens & les blasphêmes.

& il seroit à souhaiter qu'il en fût de même dans toutes les garnisons.

La neuvaine étoit presque finie, & avec elle le peu de provisions qui restoient dans le camp ; lorsque le 21 de Juin, jour de la fête de saint Louis de Gonzague, il arriva de Chacala une grosse barque, appellée le Saint-Joseph, commandée par un habitant de Compostelle, sur laquelle le père Ugarte nous envoyoit toutes les provisions qu'il avoit pu trouver, & en outre sept volontaires, qui venoient pour servir dans la garnison. Ils furent reçus avec une joie inexprimable, & l'on en rendit grâces à Dieu, à la Patrone de Lorette, & à saint Louis son fils bien aimé. Le Père Salva-Tierra, croyant que la barque longue avoit péri, entra en accommodement avec le propriétaire, & celui-ci ne demandoit pas mieux, ayant reconnu le peu qu'elle valoit dans les différens voyages qu'il avoit fait. Le contrat fut enfin conclu, quoiqu'avec beaucoup de mauvaise foi de sa part, moyennant douze mille piastres que le père Jean-Marie s'obligea de lui faire compter à Mexico par le père Ugarte, étant hors d'état de les payer lui même. On ne tarda pas à reconnoître la mauvaise foi du propriétaire; on sçut qu'il avoit pris six mille piastres de plus qu'il ne falloit pour l'équiper ; on avoit perdu la cargaison entière dans le premier voyage, & dans le second, ayant échoué à Acapulco, on l'avoit vendue cinq cent piastres, quoiqu'elle en eût couté dix-huit mille ; ce qui étoit une perte considérable pour la mission. On avoit cependant besoin d'un vaisseau, & heureusement le Trésorier Don Pedro Gil de la Sierpe, envoya au père Jean-Marie une barque appellée Saint-Firmin, & une barque longue, appellée Saint-Xavier, que l'on fit partir aussitôt pour aller chercher du fruit & du bois à Chacala & Metanchel, & des provisions à Hiaqui, Ahomé, Guaimas &c; comme aussi les jumens, les chevaux & le bétail que Don Augustin Encinas envoyoit à la mission. Il l'avoit protegée dès sa fondation, & son fils Don Miguel continua de la protéger à l'exemple de son généreux père.

Les Pères étant maintenant au fait de la langue du pays, & se trouvant en état de voyager plus commodément, à l'aide des chevaux qu'ils avoient reçus, résolurent de commencer leurs visites, & de prendre chacun leur département. Au commencement de l'année 1699, le père Jean-Marie, accompagné de Soldats, se rendit au nord dans un endroit appellé *Londo*, éloigné de neuf lieues de Lorette, où il y avoit une Communauté nombreuse. Il envoya plusieurs fois avertir les Indiens de son arrivée, de même que des motifs qui l'amenoient, mais il ne put dissiper leur crainte; ils s'enfuirent tous dès qu'ils le virent approcher. Il fit courir après eux, les appella lui-même, & les attendit deux jours, mais voyant qu'ils ne revenoient point, il prit le parti de s'en retourner. Etant arrivé au camp, il se plaignit à eux de la conduite qu'ils avoient tenue, & mit tout en usage pour dissiper leur crainte. Il retourna le printems suivant, appella cet endroit Saint-Jean-Baptiste, les instruisit des mystères de la Religion, leur parla avec amitié,

amitié, leur fit quelques petits préfens, & reconnut le pays & les eaux qui s'y trouvoient, à dessein de le cultiver dans la suite.

Parmi les Indiens qui venoient au camp, il s'en trouva quelques-uns d'un canton appellé *Viggè-Biaundo*, situé au midi de Lorette, derrière quelques montagnes escarpées, qu'ils lui dirent être très-propre pour les grains & les pâturages. Ils parurent être d'un caractère si doux & si humain, & si jaloux de leur conversion, que le Missionnaire jugea à propos de batiser un enfant, dans qui il avoit remarqué beaucoup de vivacité & de génie, & un bon naturel, sous le nom de François-Xavier, quoiqu'il eût refusé cette grâce aux adultes. Le père Piccolo se rendit dans cet endroit le 10 de Mai après avoir essuyé tout ce qu'on peut souffrir dans un voyage où l'on ne trouve aucun chemin frayé. Les soldats ayant refusé de passer outre, il résolut d'aller tout seul chez ces Indiens civilisés. Il fit le voyage à pied, parmi quantité de rochers & de précipices, & arriva à la Communauté, où il fut

Tome I.   E e

reçu avec toute la cordialité & la joie possibles. Il resta quatre jours chez eux pour les instruire, & apprit avec plaisir que le nouveau Chrétien François-Xavier faisoit la même chose, ce qui l'engagea à donner ce nom à la Communauté. Quelques Indiens qui avoient leurs Communautés dans cette chaîne de montagnes s'y rendirent; il en vint aussi quelques autres des contrées qui sont à l'Occident, lesquels donnèrent au Père plusieurs instructions touchant la côte opposée ou extérieure, que baigne la mer du sud. Le Missionnaire parcourut la Vallée, & trouva quelques espaces de terrein propres pour le labourage, & où l'on pouvoit faire venir l'eau, il y vit aussi quelques arbres fruitiers, & d'assez bons pâturages pour les chevaux & le bétail. Ils reprirent le chemin du camp, & traversèrent cette chaîne de montagnes dans l'endroit le plus difficile. Ils trouvèrent au bas les chevaux qu'ils avoient confié en garde aux Indiens, & après un jour de marche, ils arrivèrent à Lorette. Huit jours après, le père Salva-Tierra se transporta une seconde fois à Saint-Jean de Londo. Les Indiens l'avoient appellé, & ils lui dirent que plusieurs communautés de la langue *Liyu*, & d'autres de la nation Cochimi, avoient dessein de s'y rendre, pour s'instruire de la doctrine de l'Evangile.

Comme on manquoit de bêtes de somme pour transporter les provisions, les Indiens les plus distingués d'entre les Monquis s'offrirent à l'envi à transporter les sacs, bien moins dans le dessein de partager ce qu'ils contenoient, que pour se reconcilier avec les Cochimes, lesquels étoient extrêmement irrités contre eux, à l'occasion de la mort d'un jeune homme que l'on avoit batisé sous le nom d'André, & que les Pères aimoient beaucoup. Il leur prêcha l'Evangile, & après avoir lié amitié avec eux, il se rendit dans une autre Communauté qui étoit à trois lieues de-là, pour y chercher un autre Indien appellé Nicolas, qu'il trouva malade. La plûpart des Indiens qui la composoient s'enfuirent aussi, & le Père témoigna toute forte d'amitié à ceux qui reflè-rent. A fon retour à Londo, il trouva l'efprit des Indiens entièrement changé, tant à l'égard de la Religion, qu'à l'égard des Monquis, pour lefquels leur haine s'étoit ranimée pendant fon abfence. Ils en vinrent à une rupture ouverte, au point qu'ils bleffèrent fa mule d'un coup de flèche pendant qu'il étoit à batifer huit enfans, & les Monquis lui enlevèrent une partie de fon bagage. Le Père vint cependant à bout de les reconcilier, & ils retournèrent tous enfemble à Lorette, s'empreffant les uns les autres à frayer le chemin, qui fans cela eût été impraticable pour les bêtes de fomme.

La contrée de Vigge attiroit d'autant plus l'attention des Miffionnaires, qu'elle leur paroiffoit très-propre & très-commode pour y fonder une feconde miffion. Ils ne trouvoient qu'une feule difficulté, favoir, l'aprêté du chemin, lequel étoit extrêmement difficile pour les gens à pied, & abfolument impraticable pour les bêtes de charge. Cependant, les foldats, animés par le père Piccolo, & aidés des Indiens, pratiquèrent un chemin d'une largeur suffisante entre les précipices de la montagne, que l'on commença à fréquenter le 12 de Juin. Il se rendit à cheval dans le pays de Saint-François-Xavier. Il y avoit dans l'endroit une montagne fort haute, sur laquelle le Capitaine & deux soldats voulurent se transporter pour reconnoître le pays, ce qu'ils eurent toutes les peines du monde à faire, à cause de la quantité de ronces & de fondrières qu'ils rencontrèrent sur leur route. Ils n'eurent pas lieu de regretter leurs peines, car étant arrivés au haut, non seulement, ils découvrirent une vaste étendue de pays, mais encore deux mers, savoir, celle de Californie, & la mer du sud, ce qui leur causa tant de joie, qu'ils firent une décharge. Leurs camarades craignant qu'ils n'eussent donné dans quelque embuscade, se hâtèrent d'aller à leur secours ; mais ayant appris ce que c'étoit, ils coururent en porter la nouvelle au père Piccolo, lequel après avoir renouvelé ses instructions aux

Indiens, & les avoir assurés de son affection, retourna avec sa compagnie à Lorette, par le même chemin.

Dans ce tems-là, Don Louis Torres Tortolèro, Capitaine de la garnison, fut attaqué d'une fluxion continuelle sur les yeux, causée par les fatigues qu'il avoit essuiées dans la nouvelle conquête, & qui l'obligea à se démettre de son emploi, au grand regret du vénérable père Jean-Marie, lequel connoissoit son courage, sa prudence, sa piété, & les obligations infinies que les missions lui avoient. Le Père nomma en sa place Don Antoine Garcie de Mendoza, natif de Fontarabie, lequel avoit longtems servi dans les troupes. Il donna à Don Louis des certificats très-honorables, & le recommanda à l'Audience de Guadalaxara, la priant de lui donner quelque gouvernement, pour le recompenser de ses services ; ce qu'il pratiqua toujours à l'égard de tous ceux qui s'étoient rendus dignes de son estime. Indépendamment de quelques petits voyages peu considérables, les Pères employèrent le reste de l'été de l'année 1699 à leurs fonctions apostoliques ordinaires. Ils préparèrent les matériaux nécessaires pour bâtir dans le camp une grande chapelle à Notre-Dame de Lorette, & à poser environ à cent pas de la garnison les fondemens d'une Eglise, qui, quoique petite, pouvoit passer pour fort belle dans un pays tel que celui-là, & à bâtir un logement pour les Missionnaires. Ces bâtimens, non plus que les autres que l'on construisoit pour la commodité de la garnison & dans lesquels les Pères faisoient la fonction de directeurs, d'officiers & d'ouvriers, furent retardés à l'occasion de quelques obstacles imprévus. La chapelle qui étoit dans le camp, fut consacrée l'année suivante, & l'Eglise cinq ans après, savoir, en 1704. La bienheureuse Vierge fut très-sensible à la dévotion de son serviteur le père Salva-Tierra, lequel avoit communiqué la même flamme à tous les cœurs de la garnison, & l'avoit entretenue par les offices que l'on faisoit tous les samedis. Cette Reine bienfaisante daigna manifester sa protection singulière à son petit troupeau, par le foin qu'elle eût de les délivrer des extrémités dans lesquelles il se trouvoit tous les samedis que l'on avoit consacrés à son service. Le samedi même que nos gens formèrent la résolution de bâtir l'Eglise & la chapelle, pendant qu'ils assistoient au rosaire, aux litanies & au sermon, les Indiens se mirent tout-à-coup à crier *puha*, *puha*, ce qui dans leur langue signifie un vaisseau; en effet il se trouva que c'étoit la galiote de Don Pedro Gil y de la Sierpe, sur laquelle lui & le Président de Guadalaxara, nous envoyoient quantité de provisions. Pour comble de joie, on apprit que toutes les lettres-de-change que les soldats avoient tirées sur Mexico, avoient été acquittées, ainsi que le Père Ugarte le rapporte lui-même dans la relation qu'il a donnée.

Le père Piccolo ne voulut pas différer plus longtems de fonder une nouvelle mission à Saint-Xavier de Viaundo. Il laissa le père Salva-Tierra à Lorette, & s'en fut vivre parmi les Indiens dans le centre des montagnes de Vigge. Il s'y rendit au commencement

cement d'Octobre fous l'efcorte de quelques foldats, à l'aide defquels, & de fes nouveaux enfans, les Indiens montagnards, il bâtit quelques petites maifons ou huttes de briques crues, pour lui & fes camarades, de même qu'une petite chapelle avec les mêmes matériaux. En attendant que les briques fuffent fèches, il fut avec le père Mendoza & quelques foldats, auxquels les Indiens fervoient de guides, reconnoître la côte oppofée de la mer du fûd, dont l'Amiral Otondo, fi fameux par fes expéditions, avoit inutilement tenté la découverte. S'étant avancés quatre lieues vers l'Oueft, ils rencontrèrent une grande Communauté d'Indiens fort humains, que le père Piccolo confacra à fainte Rofalie fa compatriote. Ils fuivirent enfuite un petit ruiffeau, lequel les conduifit à la mer. Ils trouvèrent fur la côte quantité de coquillages de couleur d'azur, dont on a tant parlé, mais ils ne rencontrèrent ni baie, ni crique, ni port qui pût fervir de retraite au Galion des îles Philippines, quoique les marchands & le gouvernement le desirassent extrêmement. A leur retour, ils renouèrent amitié avec les Indiens de Sainte-Rosalie, & les invitèrent à venir à Saint-Xavier. Il écrivit au père Salva-Tierra de vouloir bien s'y rendre le jour de la Toussaint pour consacrer la chapelle & l'autel. La joie & la devotion suppléèrent à ce qui manquoit du côté de la magnificence & de la solemnité.

SECTION IV.

Difficultés qu'on eut à essuier au commencement de ce siècle. Mauvaise administration des affaires de la mission à Mexico.

CE fut parmi ce mélange de bien & de maux, que commença l'année 1700, & avec elle un déluge de malheurs & de calamités pour la mission de la Californie, au point qu'elle eût entiérement peri, si la sainte Vierge n'eût daigné l'honorer d'une protection toute particulière. Le nombre de ceux qui étoient venus s'établir dans cette péninsule, soit Espagnols, Métifs & Indiens de la Nouvelle-Espagne, se montoit à 600 personnes. Il falloit par conséquent beaucoup de vivres, & on n'en tiroit point du pays. Toute la marine de la mission ne consistoit dans ce tems-là qu'en deux vaisseaux, savoir, le Saint-Joseph & le Saint-Firmin, & une barque longue appelée le Saint-Xavier. Les Espagnols avoient vécu contens jusqu'alors, &

s'étoient parfaitement bien conduits avec les Missionnaires; ils comptoient sur la protection du gouvernement de Mexico, & sur les secours que leur avoient promis plusieurs bons chrétiens pour le maintien & l'aggrandissement d'une conquête que l'on avoit passionnément desirée, & qui avoit été plusieurs fois entreprise avec des dépenses immenses. Mais Dieu, qui vouloit éprouver la confiance de ses ministres, permit que les affaires changeassent de face, & prissent une mauvaise tournure. Le Saint-Joseph, comme on l'a dit ci-dessus, étoit extrêmement onéreux à la mission, à cause des fréquents radoubs qu'il exigeoit, & que l'on regretta d'autant plus, qu'il fit enfin naufrage. Le Saint-Firmin, par la négligence des Pilotes, échoua près du port d'Ahome, & n'ayant point été secouru par les Officiers & les Matelots, qui espéroient trouver leur profit dans la construction d'un nouveau vaisseau, il fut mis en pièces par la violence des vagues. Il ne restoit donc plus que la barque longue le Saint-Xavier; mais les mauvais tems l'avoient si fort endommagée que ce fut par le plus grand hazard du monde, que le père Salva-Tierra, après avoir laissé le soin de la garnison au père Piccolo, arriva à Cinaloa, où il apprit la perte du Saint-Firmin. Il se donna tous les soins possibles pour remédier à ce malheur, mais ayant rencontré quelques difficultés, il prit le parti de s'adresser au Viceroi.

Le Père Jean Marie lui avoit envoyé dès le commencement un détail de tout ce qu'il avoit fait. Il avoit même continué de lui écrire pendant les premières années, pour lui demander la continuation de sa protection; & en outre au commencement de Mars de la présente année, il avoit présenté au Conseil royal un long mémoire signé par les Pères & par trente cinq autres personnes, dans lequel il rapportoit succinctement tout ce qui étoit arrivé dans cette conquête, & exposoit l'état où elle se trouvoit pour lors. Il y exposoit ses besoins, spécifioit les différentes dépenses qu'on avoit été obligé de faire, & l'impossibilité qu'il y avoit que la garnison pût subsister

F f iij

par des contributions casuelles, qui diminuoient de jour en jour. Il supplioit le Conseil de lui accorder sa protection, pour qu'on ne perdît point le fruit de tant de travaux. Il lui demandoit que l'on payât la garnison sur le trésor royal, ainsi qu'on le pratiquoit à l'égard des autres qui étoient sur les frontières, protestant contre tous les dommages qui pourroient arriver, s'il étoit jamais forcé d'abandonner la mission. Il finissoit par lui dire, que le père Piccolo & lui étoient résolus d'y rester, dussent-ils périr par les mains des Sauvages. Il adressa de Cinaloa un autre mémoire au Viceroi, dans lequel il lui exposoit les dommages qu'avoit occasionnés le Saint-Joseph, la perte du Saint-Firmin, & le mauvais état de la barque longue, & le danger qu'il y avoit que les colons périssent misérablement de faim, & cela dans le tems qu'ils se flattoient de soumettre cette vaste contrée sous le joug salutaire de la foi, & à la domination de Sa Majesté Catholique. Il le prioit de vouloir faire présent à la mission, d'un vaisseau qu'on avoit prêté à quelques Péruviens qui trafiquoient à Acapulco. Le Viceroi ne se donna pas la peine de répondre aux premières lettres du Père, & quoique le père Ugarte le pressât de les lire au Conseil, tout ce qu'il put obtenir de lui, fut qu'il en feroit mention de vive voix. Le résultat en fut, qu'on assigna mille piastres pour les dépenses de la mission, que le père Ugarte refusa de recevoir comme insufisantes, eu égard au besoin où elle se trouvoit, quand même son refus devroit ralentir le zèle de tous ses bienfaiteurs. Il remontra que quelques années auparavant, on avoit offert 30000 piastres par an à la Société, si elle vouloit se charger de cette entreprise, & qu'étant presque achevée, il ne convenoit point que le gouvernement s'écartât des principes qui l'avoient fait agir. Ces représentations & quantité d'autres qu'il fit, furent si froidement reçues, que l'on fut pendant deux ans sans songer à la mission.

Les nouveaux Mémoires que l'on avoit présentés touchant le vaisseau & la garnison, ne produisirent pas un meilleur effet. On fit plus, on pouffa la calomnie jufqu'à faire courir le bruit que les Jéfuites avoient fait périr le Saint-Firmin, pour pouvoir puiser impunément dans les coffres du Roi. Il falloit avoir un cœur armé du bouclier impénétrable de la foi, & enflammé d'un defir ardent de l'étendre, pour pouvoir furmonter tant de difficultés réunies. Mais il s'agiffoit de la caufe de Dieu, & comme telle il convenoit de la défendre tant dans la profpérité que dans l'adverfité. Le père Salva-Tierra, infiniment plus jaloux de diffiper ce foupçon injurieux, que de défendre fa réputation, envoya cinq lettres du Tréforier de Guadalaxara & autres perfonnes de diftinction, lefquelles certifioient la perte du vaiffeau. Elles firent taire à la vérité la calomnie, mais on ne fut pas plus empreffé à procurer à la miffion les fecours dont elle avoit befoin. On les remit au Solliciteur, lequel après bien de délais, demanda à voir la permiffion en vertu de laquelle les Pères s'étoient tranfportés pour la première fois dans la Californie, & dans le rapport qu'il fit, il s'éfforça de prouver que par sa teneur même, ils n'étoient point en droit de rien exiger du Roi. On leva cette difficulté en montrant que les circonstances n'étoient plus les mêmes, & qu'il y avoit beaucoup de différence entre faire une conquête, & la conserver. Après plusieurs débats, il fut résolu que l'affaire seroit renvoyée au Viceroi, qui seul étoit en droit de la décider. La nécessité urgente dans laquelle on se trouvoit, demandoit que l'on fît toute la diligence possible ; cependant on n'obtint autre chose, sinon qu'on enverroit un détail de cette affaire à la Cour, & qu'on attendroit là-dessus la résolution de Sa Majesté. Quant au vaisseau du Pérou, il fut dit, que si le père Ugarte vouloit en payer le montant, au cas qu'on annullât la cession qu'on avoit faite, on le lui donneroit pour le service de la Californie, mais qu'à moins de cela on n'en feroit rien. Les moyens du Père ne le permettoient point. On ne donna ni le vaisseau ni sa chaloupe ; on ne voulut pas même permettre que l'on fretât la galiote de Don Pedro Gil de la Sierpe, qui étoit mort pour lors, pour transporter les vivres qu'on avoit achetés. Les Pères demandèrent des certificats de leurs services, pour pouvoir s'adresser à la Cour, mais on les leur refusa, de sorte qu'ils ne leur resta d'autre ressource que celle de la patience & de la fermeté chrétiennes.

Le Viceroi avoit envoyé dans le mois de Mai 1698, & dans celui d'Octobre 1699, à Sa Majesté & à son Conseil des Indes, une relation de l'expédition des Jésuites dans la Californie. Elle fut très-bien reçue, & l'on promit d'envoyer les secours que l'on demandoit. On en fut redevable au zèle de la Comtesse de Galves, Dona Alvira de Toledo, qui avoit été Vicereine au Mexique, & qui s'intéressoit à la réussite de cette entreprise. Cependant la mort de cette dame, jointe aux troubles que causa à la cour la maladie de Charles II, qui étoit le dernier de cette Monarchie, & surtout sa mort, qui arriva le 1 de Novembre 1700, furent cause qu'on ne songea plus à la Californie.

L'avènement de Philippe V au trône d'Espagne ranima la vigueur de cette Monarchie languissante; & quoique le troisième rapport que le Viceroi avoit promis d'envoyer, ne fût pas encore arrivé à Madrid, cependant le jeune Monarque ayant appris par des lettres particulières le mauvais état de cette conquête importante, il se fit lire les deux premiers rapports en plein conseil, & sur son avis il expédia le 17 de Juillet, qui étoit le huitième mois de la première année de son règne, trois ordres en faveur de la Californie, extrêmement honorables à la Société. Ils étoient adressés à Don Juan de Ortega Montanes, Archevêque de Mexico, lequel venoit d'être promu à la Viceroyauté, à l'Evêque de Guadalaxara, & à l'Audience de cette Ville. Par le premier, qui étoit fondé sur les deux rapports, il ordonnoit qu'on ne négligeât aucunement cette expédition importante, & qu'on la favorisât par tous les moyens possibles, remerciant avec beaucoup d'affection les Missionnaires des peines qu'ils avoient prises. Il ordonnoit en outre, que l'on payât annuellement 6000 piastres à la mission, à prendre sur le trésor royal, & cela ponctuellement & sans délai, sous quelque prétexte que ce pût être. Il ordonnoit encore que l'on prît une connoissance exacte du pays, de ses garnisons, des moyens qu'il convenoit de prendre pour en hâter la conquête, de sa communication avec la Nouvelle-Espagne, de l'état des missions de Cinaloa, Sonora, & de la Nouvelle-Biscaye, & des secours qu'elles pouvoient fournir pour l'établissement des nouvelles missions. Il lui enjoignoit enfin, d'interposer son autorité, pour que l'on transportât dans la Californie les deux missions qu'Alonzo Fernandez de la Torre, habitant de Compostelle, avoit fondées pour Cinaloa & Sonora. Par les deux autres, Sa Majesté ordonnoit à l'Evêque & à l'Audience d'encourager & de favoriser l'entreprise, de lui envoyer un détail de ce qu'ils auroient fait, & de prendre les mesures nécessaires pour l'échange des missions. L'année suivante, Sa Majesté, Marie de Savoie, envoya un autre ordre signé de sa main, au Duc d'Albuquerque, Viceroi de la Nouvelle-Espagne, que je vais inférer ici, tant à cause de son contenu, que comme un monument des grandes qualités d'une Princesse, que ses vertus & ses rares talens rendoient l'idole de toute la Nation.

« Le Roi & la Reine Régente au Duc
» d'Albuquerque, mon cousin, gentil-
» homme de ma chambre, mon Vice-
» roi, gouverneur & capitaine géné-
» ral des provinces de la Nouvelle-
» Espagne, & président de l'audience
» royale de Mexico : le Provincial de
» la Société des Jésuites dans la pro-
» vince de Tolède, m'a représenté
» qu'il y a plus de cinq ans que quel-
» ques Missionnaires de son Ordre ont
» entrepris la conquête spirituelle &
» temporelle de la Californie, & qu'au
» mois d'Août de l'année passée 1701,
» ils avoient soumis les Indiens dans
» l'espace de 50 lieues à une obéissance
» fixe, & fondé deux villes, où l'on
» comptoit plus de 600 chrétiens, la

» plûpart encore enfans, 8000 Ca-
» téchumènes adultes ; & qu'au milieu
» de ce bonheur, obtenu fans aucune
» dépenfe de la part du tréfor royal,
» mais par les travaux des Religieux,
» & les contributions des perfonnes
» zélées, jufqu'à l'affignation qui leur
» fut faite l'année dernière de 600
» piaftres chacune, à prendre fur la tré-
» forerie du Mexique; qu'ayant à crain-
» dre quelques troubles de la part des
» Sauvages, dont le mécontentement
» augmentoit tous les jours, il conve-
» noit de prendre toutes les précau-
» tions poffibles pour empêcher tout
» ce qui pouvoit nuire à ce grand ou-
» vrage, & me prioit d'employer les
» mefures que je jugerois convenables.
» Et quoique dans mon ordre du 17
» Juillet de l'année fufdite 1700, j'aie
» envoyé des ordres & des inftructions
» particulières au gouvernement, tou-
» chant ce qu'il convenoit de faire pour
» affurer la conquête de la Californie,
» & y faire les établiffemens néceffai-
» res, j'ai réfolu par mon ordre royal
» du 11 de ce mois, de vous renou-
» veler les mêmes inftructions, & de

» vous faire savoir en même tems com-
» bien ces rapports m'ont été agréa-
» bles, à cause des grands avantages
» qu'on attend du zèle ardent des Mis-
» sionnaires de la Réverende Société,
» que je vous ordonne d'aider & de
» favoriser dans tout ce qui pourra con-
» tribuer à leur bien-être, à leur satis-
» faction, & à la réussite du pieux
» dessein, auquel tendent leurs tra-
» vaux infatigables, comme je me
» le promets de l'obéissance que vous
» devez à Dieu & à ma Couronne.
» Vous ferez ensorte que toutes les per-
» sonnes en charge & autres, les aident
» dans toutes les occasions où ils
» pourront avoir besoin d'elles, &
» vous m'instruirez de tout ce que vous
» aurez fait. Donné à Madrid le 11 de
» Décembre 1702. Moi la Reine. Par
» ordre de Sa Majesté, Don Manuel
» de Apperregui

Pendant que l'on expédioit ces ordres à la Cour de Madrid, on ne
se donnoit aucun mouvement au Mexique pour favoriser la mission de la
part de Sa Majesté. Il est vrai que
l'on en fut en quelque sorte empêché

par deux conquêtes, que le gouvernement du Mexique avoit entreprises avec beaucoup de vigueur : la première étoit celle de la garnison de Panzacola, sur le golfe du Mexique, dans la Floride, dans l'endroit où elle confine avec la Louisiane, par le 69ᵉ degré de longitude occidentale, suivant M. d'Anville, à compter du premier méridien de l'île de Fer ; ou par le 291 de longitude orientale, & le 30ᵉ degré ½ de latitude septentrionale. La seconde étoit celle de la province de Los-Tezas, au nord du Nouveau-Mexique, par le 95ᵉ degré de longitude occidentale, ou le 265 de longitude orientale, à compter du même Méridien, & par le 38ᵉ degré de latitude septentrionale. On dépensa l'an 1700 plus d'un million de piastres à la première conquête, seulement pour empêcher que Panzacola ne tombât entre les mains des autres nations. On se promettoit aussi des grands avantages de celle de Los-Tezas, aussi n'épargna t-on rien pour y réussir. Ces deux conquêtes furent cause que le gouvernement oublia

celle

celle de la Californie. Mais la principale cause de ces délais, fut la jalousie, & ce fut elle aussi qui dès le commencement rompit toutes les mesures que la Société avoit prises. Cette passion maligne, qui se glisse dans les cœurs corrompus sous mille prétextes spécieux, étouffe les bonnes intentions des gens simples & bien intentionnés. Ceux dont le cœur n'est attaché qu'aux biens de ce monde, ne peuvent s'imaginer qu'un homme puisse s'exposer aux fatigues & aux dangers, sans avoir quelque récompense en vue. Cela étant, comment de pareilles gens pouvoient-ils croire que les Pères endurassent de gaîté de cœur, tant de travaux, de peines & de chagrins, dans la seule vue de contribuer à la gloire de Dieu, & à la conversion des infidèles ? Les premières expéditions que l'on fit dans la Californie, quoique infructueuses, avoient enrichi quantité de personnes ; elles avoient trouvé leur fortune, ou dans les libéralités du Roi, ou dans le commerce & la pêche des perles. Les Jésuites n'avoient aucun de ces avantages. Mais on n'eut pas plutôt appris qu'ils s'étoient rendus maîtres de la Californie, que quantité de Mexicains se persuadèrent, & firent courir le bruit, qu'ils y avoient trouvé des trésors immenses. On peut ajouter à cela, que les contributions des bienfaiteurs, quoique fort inférieures aux dépenses qu'exigeoit cette entreprise, ne laissèrent pas que de faire grand bruit parmi ceux qui, incapables de supporter les fatigues & les dangers auxquels ils s'exposoient pour mériter le royaume du Ciel, leur envient leur aggrandissement & leur réputation temporelle. Il s'en falloit cependant beaucoup qu'on les trouvât dans cette conquête; la misère seule en étoit le partage. Cependant ce qu'on avoit publié des perles qu'on y trouvoit, contribua beaucoup à fortifier les bruits injurieux que l'on faisoit courir sur leur compte, & ils trouvèrent d'autant plus de crédit dans l'esprit du peuple, qu'on les couvroit du voile spécieux de patriotisme, de zèle pour le bien public & pour le service de Sa Majesté.

Indépendamment des causes dont

je viens de parler, il y en avoit une autre dans le sein même de la garnison, & c'étoit le mécontentement du Capitaine Antoine Garcie de Mendoza qui la commandoit. Las de supporter les fatigues attachées à son emploi, & plus encore d'être subordonné aux Missionnaires, qui l'empêchoient d'opprimer les Indiens sous divers prétextes que d'autres avant lui avoient malheureusement employés pour avancer leur fortune, au détriment de ce pauvre peuple, il écrivit plusieurs lettres à ses amis & au Viceroi, remplies de plaintes amères contre ces Religieux, mais si contradictoires, que dans celle au Viceroi, datée du 12 d'Octobre 1700, après avoir donné les plus grands éloges aux Pères Salva-Tierra & Piccolo, qu'il appelle des Saints, des Apôtres & des Chérubins, & dont il vante les travaux, le zèle & le désintéressement, il blâme hautement leurs expéditions dans l'intérieur du pays, le soin qu'ils prenoient d'y pratiquer des chemins, d'y établir des missions, de cultiver les terres, &c. Il conclut par lui dire;

« Je ne vois point d'autre remède pour arrêter ces entreprises romanesques & insensées, que de donner avis de leur conduite au révérend Père Provincial de la Société, & de le prier de rappeller ces deux Religieux, & de les enfermer dans un endroit où ils puissent recevoir le châtiment qu'ils méritent. Quant à moi, je consens que l'on m'enferme dans un château, & que l'on me charge de chaînes, pour servir d'exemple à ceux qui pourroient avoir envie de tenter de pareilles avantures. » Ces lettres, dont les ennemis de la mission ne manquèrent point de prendre des copies, & de les répandre dans le Mexique & dans d'autres endroits, quoique écrites par un homme passionné, ne manquèrent pas de faire une forte impression sur quelques membres du ministère, aussibien que sur tous ceux qu regardoient la subordination qu'ils exigeoient des soldats, comme l'effet du pouvoir & de l'autorité qu'ils vouloient usurper. Ils regardoient une pareille subordination comme une chose deshonorante pour les troupes, quoiqu'elles fussent payées des deniers que des personnes charitables avoient bien voulu leur fournir. Mais le malheur fut, que cette dispute arriva dans un tems que le trésor étoit épuisé, & que presque tous les gens en place ne songeoient à autre chose qu'à profiter du peu de vie qui restoit à un Roi infirme, malade, & qui ne laissoit aucun successeur. Ces faux bruits produisirent encore un autre effet, qui fut de ralentir le zèle de quantité de personnes, qui jusqu'alors avoient généreusement contribué aux frais de la mission; & cela au point, que faute de pouvoir les supporter, on fut obligé de réduire la garnison de Lorette à douze soldats, qui restèrent volontairement, & ne voulurent point abandonner les Pères. Cela fut cause que les Indiens formèrent différents complots, & qu'on ne put plus ni voyager dans le pays, ni y former des établissemens. On fut quelque tems sans pouvoir batiser les adultes, & nos gens eurent à essuyer tant de travaux & de malheurs dans la Californie, qu'il parut visiblement que c'étoit le bon plaisir de la Providence, que cette conquête spirituelle se fît, malgré les souffrances & les contretems qu'on éprouvoit, & qu'on ne manque jamais d'éprouver dans toutes les entreprises qui regardent son service. Dans une lettre du 3 d'Octobre 1700, le père Salva-Tierra, après avoir dit à son ami, le Solliciteur de Guadalaxara, qu'il a congédié 18 soldats, ajoute, « Je n'attends pour renvoyer les autres » que la dernière résolution de l'au- » dience de Mexico, à qui j'ai envoyé » ma dernière protestation. Après que » tous les soldats auront été congédiés, » nous consulterons sur les moyens » de liquider nos dettes, & si, faute » de troupes, nos enfans les Califor- » niens nous envoient rendre compte » de notre conduite à Dieu, Notre- » Dame de Lorette aura sûrement soin » de les payer pour nous. »

Voyant donc qu'on n'avoit aucun secours à attendre du Gouvernement, le père Ugarte, ramassa tout l'argent qu'il put sur les billets qu'on lui avoit envoyés, & résolu d'aller finir ses jours dans la Californie ; il demanda qu'il lui fût permis d'envoyer ce malheureux vaisseau le Saint-Joseph, que l'on construisoit depuis vingt-deux mois sur la côte de la Nouvelle-Galice, & qui n'étoit point encore fini. Ses Supérieurs eurent toutes les peines du monde à y consentir, & après avoir laissé le soin de la mission au Père Alexandre Romano, il partit de Mexico le 3 de Décembre, jour de la fête de saint Xavier, son patron, & se rendit à Queretaro & à Guadalaxara, pour informer Ozio & le Solliciteur Miranda de l'état des affaires. Il donna ordre à Cinaloa & à Ahome d'envoyer les provisions par la barque longue, & fit 400 lieues pour se rendre à la rivière d'Hiaqui, dans l'espoir d'y trouver le Père Jean-Marie, mais il n'y étoit plus. L'impatience qu'il avoit de se rendre aux nouvelles missions pour travailler à la conversion des Gentils, fut telle, que sans se donner le tems de l'attendre, il s'embarqua sur un vieux bateau qu'il trouva sur la côte, traversa heureusement le golfe dans trois jours, & arriva à Lorette le 19 de Mars, jour de la fête de saint Joseph, sous la protection duquel il s'étoit mis dans ce dangereux passage. Il trouva le père Piccolo & les soldats de la garnison dans un état déplorable, & la chose pouvoit-elle être autrement, n'ayant reçu ni nouvelles, ni vivres de la côte depuis le mois d'Octobre passé. Cependant la providence pourvut peu de jours après à leurs besoins par l'arrivée de la barque longue, le Saint-Xavier, laquelle leur apporta les provisions que le père Ugarte avoit fait embarquer trois mois auparavant. Mais les vents contraires l'avoient retenue sur mer pendant tout ce tems-là, de sorte que la plus grande partie des provisions se trouva consommée.

Fin du premier Volume.

www.ingramcontent.com/pod-product-compliance
Lightning Source LLC
Chambersburg PA
CBHW060600170426
43201CB00009B/844